Fahrtenbuch des Wahnsinns

Claas Tatje

Fahrtenbuch des Wahnsinns

Unterwegs in der Pendlerrepublik

Kösel

MIX
Papier aus verantwortungsvollen Quellen
FSC® C014496

Verlagsgruppe Random House FSC® N001967
Das für dieses Buch verwendete FSC®-zertifizierte Papier
Classic 95 liefert Stora Enso, Finnland.

Umschlaggestaltung und -motiv: Oliver Weiss, oweiss.com
Druck und Bindung: GGP Media GmbH, Pößneck
Printed in Germany
ISBN 978-3-466-31003-6

www.koesel.de

Für Iris & Lillith

If travel is searching

And home what's been found

I'm not stopping

I'm going hunting

I'm a hunter

I'll bring back the goods

But don't know when

(Björk, *Hunter*)

Inhalt

Abfahrt

Hannover, 22.Juli. 2 Uhr morgens. Ich eile durch den Stadtteil List. Vorbei an der Wohnung, die im Tatort immer dann zu sehen ist, wenn Charlotte Lindholm nach Hause kommt, an der Reinigung, die Hemden für 1,49 Euro wäscht und bügelt, am Bistro Adesso, wo noch die italienische Mama der Familie kocht, und an der Bäckerei, deren Inhaber mal mit der Zubereitung eines Rehrückens »Das perfekte Dinner« auf VOX gewonnen hat. Auf dieser Straße bündeln sich täglich Erinnerungen und Gedankenfetzen: an Silvesternächte, die Taufe meiner Tochter und den Start in den Dänemarkurlaub. Und ich Idiot lasse all das mal wieder hinter mir.

In jener Nacht habe ich den Abschied von meiner Frau und der gerade einjährigen Tochter tatsächlich möglichst weit hinausgezögert. Widerwillig am Nachmittag den kleinen Koffer gepackt, dann in den Fahrplan geguckt und den Zug für 19:31 Uhr reserviert. Ich muss nach Brüssel. Ein Interview steht am nächsten Mittag an. Doch an diesem Sonntagnachmittag war die Luft mild, der Grill schon heiß und die Nachbarn kamen vorbei. Um 19 Uhr dann mein Entschluss: Nachtzug nach Köln, dann weiter nach Belgien.

Um 2:31 steige ich ein, wähne mich allein im Großraumwagen, doch welch Irrtum. Er ist voll! Junge Kerle im Schlafsack, Männer im dunklen Anzug und Frauen mit Augenrändern. Die meisten lehnen sich an Fenster und an Koffer. Es ist vollkommen egal, wann ich mich in diesem Land auf den Weg mache. Die Pendler sind schon da. Sie bevölkern Flughäfen, Bahnsteige und Autobahnraststätten, sichern Aral, Le Crobag und Volkswagen das Überleben. Riskieren ihr Leben auf Deutschlands Autobahnen, jagen dem Glück nach, das mal aus Anerkennung, dann aus Liebe oder ganz einfach aus Geld verdienen und funktionieren besteht.

Drei Jahre lang bin auch ich Woche für Woche zwischen Hannover und Brüssel gependelt. Als Journalist für *DIE ZEIT* war in Brüssel der Job, in Hannover die Frau. Heute zähle ich zur Gattung der Dauermobilen. Mal in Brüssel, mal in Hamburg, mal in Frankfurt, aber sicher zwei bis drei Tage die Woche unterwegs. Ich setze mich für ein Abendessen in den Zug nach München und für ein Hintergrundgespräch fahre ich nach Berlin.

Dieses Leben kann Spaß machen. Ich genieße es, abends in Brüssel nicht auf die Uhr zu gucken, weil erst am späten nächsten Vormittag wieder ein Termin in Düsseldorf ansteht. Im Zug dann Gespräche abzutippen, den Gedanken nachzuhängen oder einfach mal die Augen zuzumachen. Morgens in den Flieger zu steigen und ein paar Stunden später zur Recherche in Island wieder auszusteigen.

Zu oft ist es aber einfach die Hölle. Wenn der Zug sich auf unbestimmte Zeit verspätet, der Anzug zu Hause noch am Haken hängt, weil die Pendleramnesie zugeschlagen hat, oder im Stockwerk über meinem Hotelzimmer die Disco des Hauses untergebracht ist. Das sind die Momente, die Forschungen bestätigen könnten, wonach Pendler Stressspitzen erleben wie Kampfjetpiloten im Einsatz oder Polizisten, wenn die Demonstration eskaliert.

Kein Wunder, dass ich oft erkältet bin. Schlimmer ist nur, wenn es auch mal meine Frau erwischt, die mir dauernd den Rücken freihält. Oder, im schlimmsten Szenario: meine kleine Tochter. Dann implodiert binnen Stunden jeder noch so sauber getaktete Rechercheplan. Frust staut sich auf und entlädt sich in Streits um Nichtigkeiten und Banalitäten. Das sind die Momente, in denen der Beziehungskiller Pendeln ganz greifbar wird.

Ein Pendler fragt sich eigentlich nie, warum er sich all das antut. Die langen Fahrten, die kurzen Wochenenden oder der Dauerverzicht auf Sport. Ein Pendler fragt sich nur, wie lange er das mit sich, seiner Familie und seinen Freunden machen will. In dem Moment ist er schon mittendrin in einem Netz aus Widersprüchen und Selbsttäuschung, das meist linear zur Kilometerleistung wächst. Hier mal die Aufhebung der gängigsten Pendlerklischees: Arbeiten im Zug? Vergiss es! Niemals so verlässlich wie im Büro zu Hause. Telefonieren im Auto? Wenn es wirklich wichtig wird, ist es lebensgefährlich. Wer will schon bremsen, wenn er seine Mitarbeiter in der Firma per Freisprechanlage auffordert, Gas zu geben? Mobilität bringt grenzenlose Freiheit? Nicht einmal mehr über den Wolken. Künftig dürfen wir auch 10000 Meter über dem Meer erreichbar sein. Wir Pendler arbeiten dann endgültig überall.

Schon der Begriff des Pendlers suggeriert eine Stetigkeit, die niemand im Auto erlebt. Jede Fahrt ist ein bisschen anders, nur anstrengend, das ist sie gewiss. Immerhin hatte sich fast jeder Vielfahrer, den ich für die Recherche zu diesem Buch gesprochen habe, vor der Abfahrt ins Pendlerleben eine Ankunftszeit vorgenommen, zu der sein Alltagsrhythmus wieder geruhsamer werden sollte. Am Ende dauerte die Fahrt dann meist etwas länger, ganz selten war sie kürzer als geplant. Und auf die Idee, unterwegs auszusteigen, kamen die wenigsten. Wer es dennoch wagt, hat meist genug Geld, den Karriereknick in Kauf zu nehmen.

Warum pendeln Menschen? Die meisten tun es, weil sie sich nicht entscheiden wollen. Niemals gegen die Familie, die Ehe, die Beziehung oder die Heimat. Und auf keinen Fall gegen das Unternehmen, den Job, das Projekt oder den Standort.

Können sechs Millionen Deutsche irren? So viele Menschen, zählt das Statistische Bundesamt, fahren täglich mindestens 25 Kilometer zum Job oder haben dauernd einen anderen Arbeitsplatz. Sogar 8,5 Millionen sind Tag für Tag mehr als eine halbe Stunde unterwegs, um zur Arbeit zu kommen.

Angesichts der Gesundheitsrisiken, der Folgen für Beziehungen und all der Kosten ist das schon recht irritierend. Im Grunde müsste das Gesundheitsministerium längst an jeden Zug schreiben: »Pendeln gefährdet Ihre Gesundheit! Fangen

Sie gar nicht erst an!« Oder da, wo früher das Kennzeichen D am Heck der Autos klebte, den Hinweis anbringen: »Pendeln fügt Ihnen und den Menschen in Ihrer Umgebung erheblichen Schaden zu!«

Pendler verzweifeln an der Unzuverlässigkeit der Verkehrsträger; daran, dass sie im Ungewissen darüber bleiben, wann sie ankommen. Selbst die Deutsche Bahn – manch Dauergast im Bordbistro mag das kaum glauben – hat das nun erkannt. Sie schickt ein Expertenteam ins Silicon Valley. Dort soll endlich eine Software gefunden oder optimiert werden, die Verspätungen der Bahn künftig in Echtzeit und minutengenau prognostiziert.

Dabei sind die wenigsten Pendler zum Pendeln gezwungen. Es gibt keinen Grund, aufs Land zu ziehen, um in der Stadt zu arbeiten. Vor allem Männer sind ziemliche Egoisten, wenn sie – wie ich selbst – Berufe ausüben, die dauernde Mobilität bedingen, unter der am Ende die gesamte Familie zu leiden hat. Wir lassen uns alle allzu gerne täuschen von schnellen Zug- und Flugverbindungen, die uns mit ganz Europa vernetzen. Sie sind fragiler als jede Seifenblase.

Wer sich auf solche Fernbeziehungen einlässt, darf auf Unterstützung hoffen. Aber nicht auf Mitleid. Erstaunlich aber ist: Während Menschen dazu neigen, über den Job, den Partner oder die Kinder zu jammern, ertragen sie das Pendeln stillschweigend. Der Vielfahrer macht nicht viel Gerede um sein Leben. Ein kurzes Nicken am Bahnsteig, ein Fingerzeig an der Tankstelle und schon wissen die Pendler: Wir sitzen im gleichen Boot und sind auch heute wieder unterwegs.

Die Reise durch die Pendlerrepublik Deutschland kann nur unvollständig sein angesichts von über 26 Millionen, die nicht mit dem Fahrrad oder – welch Luxus – zu Fuß zur Arbeit kommen, sondern auf Bus, Bahn, Auto oder gar Flugzeug angewiesen sind, um morgens pünktlich im Büro zu sein. Und doch haben meine Begegnungen mit Pendlern, die Reisen und Gespräche von München bis Kiel, von Jena bis Emden, von Tübingen bis Rostock erstaunliche Gemeinsamkeiten.

Wir Pendler kennen uns an den wuseligsten Bahnhöfen besser aus als auf dem Wochenmarkt vor der Haustür. Nirgendwo haben wir das Gefühl, unser Leben so im Griff zu haben wie beim Betreten eines Hauptbahnhofs. Wir kennen die Kaffeepreise der Ketten auswendig; wir wissen genauer als in der eigenen Küche, wo unter 300 anderen Magazinen und Tageszeitungen *BILD* und *Süddeutsche* zu finden sind, und wenn der Zug Richtung Köln 31 Minuten nach jeder vollen Stunde einfährt, stehen wir in engen Trauben exakter vor der Wagennummer 7 (wo die kostenlosen Reservierungen für Bahn.comfort-Kunden angezeigt werden) als ein Pulk Marathonläufer an der Startlinie.

Das sind die Tage, an denen jedes Rädchen ins andere greift. Es gibt aber auch die anderen Momente: die, an denen der Puls rast, Schweiß den Rücken runtertropft, und all das nicht, weil eine Klimaanlage in der Bahn ausgefallen ist, sondern die Bahn erst gar nicht kommt. Oder wenn, dann mit einem Lokschaden, der verbunden mit einem Böschungsbrand den Terminplan so durcheinanderwirbelt, dass die Reise gar nicht mehr angetreten werden kann.

Die Alternative zur Bahn ist das Auto. Zwei von drei Pendlern setzen auf ein Verkehrsmittel, das Jahr für Jahr einige tausend Unfallopfer fordert. Nicht genug damit: Wer wohlbehalten ankommt, steht in Ballungsräumen wie dem Ruhrgebiet, Stuttgart, Berlin oder München im Durchschnitt 71 Stunden im Jahr im Stau. Es ist kein Zufall, dass der Rachefeldzug gegen die Gesellschaft, den Michael Douglas im Film »Falling Down« so rigoros zelebriert, seinen Anfang in der morgendlichen Rushhour von Los Angeles nimmt.

Pendeln kostet Nerven. Aber wann macht es krank? Nach dutzenden Gesprächen mit Wissenschaftlern und eben so vielen Pendlern ließen sich handfeste Kriterien dafür entwickeln, worauf Pendler achten sollten, um gesund zu bleiben.

Für Beziehungen wird Pendeln spätestens ab einer 45 Minuten langen Fahrt zur Arbeit zur echten Belastungsprobe. Wann aber wird das Pendeln zum Beziehungskiller? Die Antwort darauf gab mir ein Tankstellenbesitzer, der täglich zwischen Berlin und Hannover pendelte – 600 Kilometer am Tag! Auch Wochenendpendler hadern wegen des Dauerstresses und der schleichenden Entfremdung mit ihrem Leben. Wenn der Mann dauernd unterwegs ist, fragt die Frau nicht mehr, wie die Wand gestrichen werden soll. Sie macht es einfach selbst. Männer, die dauernd unterwegs sind, klagen häufig darüber, zu Hause nicht mehr überall mitzuentscheiden. Umgekehrt versuchen gerade Frauen die Belastung einfach auszuknipsen wie den Lichtschalter im Hotel. Das geht ein paar Monate gut, aber nicht ein Pendlerleben lang.

Politiker sollten jedenfalls sehr genau überlegen, wie sie mit ihren Millionen Pendlern im Land umgehen, die täglich lange Wege zur Arbeit fahren. Die Pendlerpauschale, so viel sei schon hier verraten, ist wie die Subventionierung von Dienstwagen das größte Unglück der deutschen Verkehrspolitik.

Wir müssen neu nachdenken über Deutschlands größten Volkssport. Doch wer die Pendlerpauschale und andere Abgründe der Verkehrspolitik hinterfragt, trifft auf massive Widerstände. Am Ende sind es handfeste Interessen, die dafür sorgen, dass Millionen brav weiterfahren. Tag für Tag, die gleiche Strecke, das gleiche Ziel und die gleiche Angst vor der Verspätung im Nacken. Höchste Zeit, sich den Wahnsinn zwischen Frühstück und Abendbrot genauer anzugucken.

Kapitel 1

Die Welt der Pendler

Sie wachen nebeneinander auf, doch schon zur Frühstückszeit trennen Petra Heuchert-Gercke und ihren Mann Kai Gercke 104 Kilometer. Morgen für Morgen verlässt Heuchert-Gercke gegen 6 Uhr 40 ihr Haus in Bönebüttel in Schleswig-Holstein und steigt in ihr BMW Cabrio. Eine Dreiviertelstunde dauert ihr Arbeitsweg, gegen 7 Uhr 30 ist sie im Büro an der Kieler Förde, 46 Kilometer nördlich ihrer Heimat. Ihr Mann lässt sich schon um 6 Uhr auf das größte Abenteuer ein, das Deutschland morgens zu bieten hat. Eine Reise mit Fahrrad und Bahn im Berufsverkehr. Es geht für ihn in den Süden, nach Hamburg. Er ist gegen 7 Uhr 30 am Jungfernstieg und arbeitet dort für eine Bank. Heuchert-Gercke ist Bauzeichnerin in einem kleinen Architekturbüro. Das Ehepaar hasst diesen Einstieg in den Tag, doch jeder liebt seinen Job. Mal eben nach Hamburg ziehen, das käme für Heuchert-Gercke nicht infrage, auch weil sie dann nicht mehr so gut für ihre Eltern sorgen kann, die in Bönebüttel gleich nebenan wohnen.

Das Jahr 2013 hat ihren Mann dafür ganz schön Kraft gekostet. Als die Orkane Christian und Xaver über Deutschland hinwegfegten, dauerte die einfache Fahrt für ihn tagelang bis zu zweieinhalb Stunden. Das sind Extremsituationen, das weiß auch Gercke. Aber »irgendwas ist eigentlich immer«. Im Winter wartet er bei klirrender Kälte auf den Zug, im Sommer schwitzt er, wenn die Klimaanlage ausfällt. Mal hält der Zug wegen einer technischen Störung, dann sind Personen im Gleis oder es gibt Bombenalarm. Immer wieder hat er deshalb versucht, auch auf das Auto auszuweichen und ist regelmäßig an der A7 bei Schnelsen verzweifelt. Denn ehe die Rushhour einsetzte, war Gercke nie in Hamburg.

Für die 49-jährige Petra Heuchert-Gercke ist die Bahn keine Alternative. Ihr Büro an der Kieler Förde liegt dafür zu weit abseits. Staus sind selten und doch bereut sie regelmäßig, dass sie vor zwei Jahren ihren Job noch einmal gewechselt hat und nun doppelt so lange jeden Morgen unterwegs ist. »Ich kann nicht mal eben schnell mittags nach Hause«, sagt sie. Als vor einigen Monaten eine neue Heizung eingebaut wurde und die Handwerker 14 Tage im Haus waren, hätte Heuchert-Gercke eigentlich dauernd vor Ort sein müssen. »Es war zum Verzweifeln«, sagt sie. Hinzu kam noch Stress im Büro und dann diese Fahrerei. »Man denkt immer, so eine Dreiviertelstunde, die ist doch ein Klacks, aber ich liege samstags regelmäßig auf der Couch und bin völlig durch«, erzählt Heuchert-Gercke. Sie müsste sich abends noch mal aufraffen und ins Fitnessstudio gehen, sie sieht ihre Freundinnen unter der Woche zu selten, sie war schon ewig nicht mehr in Neumünster zum Einkaufen, sondern hält auf dem Rückweg bei Edeka und Aldi im Gewerbegebiet. Ihrem Mann kann sie nichts vorjammern, der ist Tag für Tag noch länger unterwegs.

Willkommen im ganz normalen Alltagsleben zweier ganz normal Beschäftigter in der Pendlerrepublik Deutschland. Es ist ein Land, in dem nur 14 Prozent mit dem Fahrrad oder zu Fuß zur Arbeit kommen, auch weil die Menschen immer weitere Wege dafür zurücklegen.

Früher haben sich die Beschäftigten ihre Arbeit dort gesucht, wo sie gelebt haben. Noch 1900 hat nur jeder zehnte Erwerbstätige auf dem Weg zur Arbeit seinen Wohnort verlassen, vor 60 Jahren war das immerhin schon jeder vierte. Und heute? Im Jahr 2014 verlassen 60 Prozent der sozialversicherungspflichtig Beschäftigten Tag für Tag oder Woche für Woche ihre Gemeindegrenze, um zu arbeiten – über 17 Millionen Menschen in Deutschland. Strecken von Hamburg nach Berlin pendeln tausende Menschen nicht mehr einmal die Woche, sondern täglich.

Von den insgesamt 42 Millionen Menschen, die in Deutschland arbeiten, haben nur elf Millionen einen Arbeitsweg von unter fünf Kilometern. Solche Menschen steigen einfach aufs Rad, kurz in den Bus oder schnell ins Auto. Doch knapp sechs Millionen Arbeitnehmer in Deutschland sind länger als 25 Kilometer pro Strecke unterwegs. An einem Tag fahren diese Menschen zusammengenommen morgens zur Sonne und abends zurück. Die Strecken, die zurückgelegt werden, nehmen dabei Jahr für Jahr zu. Noch 1996 hatten 56 Prozent der Beschäftigten einen Weg von höchstens zehn Kilometern zur Arbeit, 2012 konnten das nur noch 46 Prozent von sich behaupten.

Zu diesen Millionen Tagespendlern kommt noch eine besondere Spezies hinzu. Zweimal die Woche läuft sie einem an Bahnhöfen und vermehrt auch an Flughäfen über den Weg. Dazu verstopft sie noch Autobahnen, wo immer der Weg in die Stadt führt. Es sind Wochenendpendler wie Roland Keppler.

Montagmorgens um 5:30 Uhr, wenn hunderte seiner Kollegen in ihre letzte Tiefschlafphase starten, steigt Keppler in Hamburg-Sasel ins Taxi. 15 Minuten später schnappt er sich am Terminal 1 des Flughafens seinen Koffer, der gerade klein genug ist, um als Handgepäck durchzugehen. Gegen 6 Uhr checkt er für Flug AF 1611 ein. Er legt sein Anzugsjackett in eine Plastikwanne, zieht sich seinen Gürtel und die Lederschuhe aus, achtet darauf, kein Wasser mitzunehmen, und spaziert durch die Sicherheitskontrolle. Gürtel an, Schuhe an, Jacke an und weiter zum Flugsteig. Dort angekommen, wühlt er sich schlaftrunken durch einen Stapel Zeitungen. Um 7:05 Uhr sitzt er in einem Airbus A319 und landet 95 Minuten später in Paris. Er schnappt sich seinen Koffer, hetzt zum Mietwagenstand und hofft darauf, dass der Wagen wie versprochen bereitsteht. Er ist nun fast am Ziel. 60 Kilometer später und je nach Verkehrslage zwischen 10 und 10:30 Uhr fährt Keppler in die Tiefgarage einer Konzernzentrale. Es ist das Verwaltungsgebäude des Autovermieters Europcar. Wenn Keppler seinen Schreibtisch im dritten Stock erreicht hat, ist sein Hemd schon durchgeschwitzt. »Meine Kollegen haben dann längst Strategien für die Woche entworfen oder Allianzen für Verhandlungsrunden geschmiedet.« Kleine Grüppchen in der Kaffeeküche haben sich auf Betriebstemperatur geredet. Der 49-jährige Keppler ist dann eigentlich schon wieder reif für den Feierabend.

Und das als Chef eines Unternehmens, das 6500 Mitarbeiter hat, eine Autoflotte von 190000 Autos zählt und zwei Milliarden Euro Umsatz im Jahr macht. »Ich bin nicht so auf der Brücke, wie ich es sein müsste als Chef«, sagt er selbstkritisch. Vom Flurfunk am Montagmorgen und Freitagnachmittag bekommt er zu wenig mit, soll das heißen. Für einen Chef, der seinen Laden nicht im Griff hat, kann das gefährlich sein. Damit es gar nicht so weit kommt, zeigt Keppler unter der Woche so viel Präsenz wie möglich. Tagsüber ist er oft schon vor acht Uhr in der Pariser Zentrale, abends geht er meist noch mit Geschäftspartnern essen. Er muss ja auf niemanden Rücksicht nehmen. Die Familie wartet nicht auf ihn. »Ich lebe im Grunde in zwei Welten«, sagt Keppler.

Freitagnachmittag geht es zurück in die alte, vertraute Welt. Bis er dort ankommt, muss einmal mehr jedes Rädchen ins andere greifen. »Wenn ich nicht um 15 Uhr rauskomme, verpasse ich schon mal den Flieger, weil die Straßen auf dem Pariser Autobahnring so verstopft sind.«

Keppler macht keinen Hehl daraus, dass er einen hohen Preis zahlt für das Pendeln. Aber die Alternative wäre noch schlechter. Seine Familie müsste mit nach Paris ziehen, dabei steht der jüngste der zwei Söhne kurz vor dem Abitur. Zugleich arbeitet Keppler auf einem Schleudersitz. Europcar gehört mittlerweile Finanzinvestoren. Sobald der Vorstandschef nicht die Zahlen liefert, die die Eigentümer erwarten, ist er seinen Job los. Und zieht wieder um.

Glücklich ist er damit nicht. »Unbewusst stehe ich beständig vor der Frage, entscheide ich mich am Ende für Paris oder bleiben wir in Hamburg.« Seine guten Freunde leben fast alle in Deutschland. Keppler verdient hunderttausende Euro im Jahr, aber in Paris kauft er sich montags nur eine Sorte Wurst.

»Das ist öde und ein bisschen pfadfindermäßig, aber sonst vergammelt die Salami übers Wochenende.« Das Leben des Wochenendpendlers ist so furchtbar monoton wie die Auswahl in Kepplers Kühlschrank.

Es ist unmöglich zu sagen, wie viele Menschen genau in Deutschland pendeln, denn die Frage ist, wann es beginnt. Streng genommen mit dem Gang hinaus auf die Straße. Für mich bedeutet Pendeln, es nicht mehr selbst in der Hand zu haben, ans Ziel zu kommen, sondern auf andere Verkehrsmittel angewiesen zu sein. Ein Beispiel: Als ich in Brüssel lebte, betrug die Fahrt ins Büro knapp fünf Kilometer. Mit dem Fahrrad dauerte es – unter Gefährdung meines Lebens – 20 Minuten. Mit dem Bus eine Dreiviertelstunde. Ist das schon Pendeln? Ja, denn es kostete Zeit und es ging mir auf die Nerven. Beides sind ganz gute Indikatoren für typische Pendelbelastungen. Man kann Pendler auch danach abgrenzen, ob sie ihre Gemeinde verlassen oder wie viele Minuten sie für den Arbeitsweg brauchen. Der Einfachheit halber werde ich das stets dazu schreiben, wenn ich Zahlenbeispiele nenne.

Mehr als zehn Kilometer bis zur Arbeit fahren in Deutschland derzeit mehr als vier mal so viele Menschen, wie in Berlin leben: rund 15 Millionen. Hinzu kommt einmal Köln: Das sind die eine Million Berufstätigen mit ständig wechselnder Arbeitsstätte.

Eine von diesen Dauermobilen ist eine Frau, die uns binnen Sekunden das geplante Grillfest versauen oder die anstehende Hochzeitsfeier retten kann. Claudia Kleinert ist seit mehr als zehn Jahren das Gesicht der ARD-Wettervorhersage. 140-mal im Jahr vor der Tagesschau und nach den Tagesthemen sowie in zahlreichen Regionalprogrammen präsentiert sich die gelernte Betriebswirtin einem Millionenpublikum. Die Prognosen werden in den Bavaria Film Studios in München aufgezeichnet.

In München hat die 44-Jährige auch eine Wohnung. Die ist gerade fünf Kilometer von den Studios entfernt. Klingt nach einem entspannten Leben. Doch Kleinert ist Wetterfee auf

Teilzeitbasis. Sie ist nicht fest angestellt, sondern wie 2,6 Millionen andere Deutsche selbstständig. Von ihrer Wohnung in München aus reist Kleinert durch die Republik und Europa. Sie dürfte gar nicht ausschließlich für die ARD arbeiten, dann wäre Kleinert nämlich scheinselbstständig. Doch davon war sie wohl nie weiter entfernt als zurzeit. Unternehmen buchen sie für Produktpräsentationen, sie tritt auf Messen auf oder führt durch Preisverleihungen. Ihren Lebensgefährten sieht sie oft nur ein paar Tage im Monat – in Köln. »Wenn Beamen möglich wäre, hätte ich den tollsten Job der Welt«, sagt sie. So aber ist der Beruf oft Dauerstress. Ein Auszug aus ihrem November-Terminkalender: Montag besucht sie Freunde in Berlin, fliegt von dort nach Zürich, moderiert eine Diskussionsrunde für eine Versicherung, am nächsten Tag Flug nach Frankfurt, schnell in den Mietwagen und zur Veranstaltung einer Bank zum Thema Rohstoffe nach Aschaffenburg, abends weiter zur Moderation einer Gala nach Ingolstadt. Von dort fährt sie am Morgen darauf nach Bayreuth und am Freitagmorgen nach Starnberg. Dort wird ein Preis für das beste Gesundheits-Marketing verliehen. Es folgen Sonnabend und Sonntag die Wettermoderationen im Ersten. So ist das nicht jede Woche, aber so ähnlich hetzt Kleinert seit Jahren immer mal wieder durch Deutschland und Europa. Das Leben aus dem Koffer nervt sie zusehends. »Die Schlepperei strengt schon ziemlich an«, sagt sie. »Ich habe dauernd Schulterprobleme.« Kein Wunder. Schon das Kofferpacken wird zur Plage. In einer Woche wie jener im November nimmt sie vier Abendkleider mit, einen Blazer, drei Hosen, Stiefel, High Heels, Sportschuhe und noch einiges mehr. »Manchmal ist in München komplett anderes Wetter als in Berlin und oft weiß ich am Sonntag nicht, auf welches Outfit ich in der Woche Lust habe.« Wenn die Arbeitswoche nicht ganz so verrückt ist, versucht sie, sich hingegen zu reduzieren. »Wann immer möglich, verreise ich mit Handgepäck.«

Für die Zukunft hat sich Kleinert allerdings einiges vorgenommen. »Weniger Veranstaltungen zusagen, vor allem, wenn ich dafür binnen einer Woche mehr als zwei Orte außer München und Köln besuchen und auch dort übernachten muss.« Doch sobald sie dann tatsächlich einmal eine Terminanfrage aus Konsequenz sausen lässt, zögert sie. »Meine Angst ist immer, zwei-, dreimal der gleichen Agentur oder dem gleichen Unternehmen abzusagen, dann ist man ganz schnell raus aus dem Geschäft. Und außerdem macht mir mein Beruf auch sehr viel Spaß. Moderieren ist Leidenschaft.«

Die Angst, wie sich die Jobs nächstes, übernächstes Jahr gestalten, teilen viele Selbstständige und daher wird gereist und gependelt, bis der Körper streikt. Damit es gar nicht so weit kommt, schwört Kleinert auf Entspannungsrituale. Sitzt sie im Flieger, dann arbeitet sie nicht an der nächsten Moderation, sondern liest ein Buch oder blättert durch Zeitschriften. »Das ist Zeit für mich, in der ich einfach mal die Seele baumeln lassen kann«, sagt Kleinert. Sie schwört zudem darauf, jeden Tag 15 Minuten zu meditieren. Das gelingt ihr nicht immer, erzählt sie, »weil ich manchmal schlicht nicht zur Ruhe komme«. Aber es übt darin, den Stress für eine Weile auszuschalten.

Nein, das Leben eines Pendlers muss keine Qual sein. Das hat zum Beispiel der britische Schauspieler Rupert Everett wunderbar beobachtet, der zeitweise das Pendlerleben mit Julia Roberts teilen durfte und in seinem autobiografischen Buch »Rote Teppiche und andere Bananenschalen« beschrieb. Everett und Roberts drehten in Chicago gemeinsam die Hollywood-Komödie »Die Hochzeit meines besten Freundes«. Und dann passierte es: »Manchmal nahm sie mich freitagabends im Sony-Jet mit nach New York zurück … Mit einem Cocktail im Kristallglas, in einen Frotteebademantel gehüllt, hüpfte sie barfuß und mit nassen Haaren aus ihrem Trailer in die wartende Stretch-Limo.« Nur mit dem Wohnungsschlüssel im Gepäck rauschten die Schauspieler durch die Außenbezirke. »Tore öffneten sich wie durch Zauberhand, bis wir auf einen riesigen Jet zufuhren, der mitten auf dem leeren Flugfeld stand. Eine Teppichbrücke half, die paar Meter reale

Welt zu überqueren.« Dann schlossen sich augenblicklich die Türen und »im selben Moment bewegte sich der Jet auch schon«. Zur Landung machte es sich der Hollywoodstar auf einem großen Doppelbett gemütlich. Nach dem Ausstieg wartete schon ein Leibwächter »mit einem großen Strauß Blumen im Arm. Bevor sie bei sich zu Hause ausstieg, zog Roberts sich ein Paar Omahausschuhe an, um das einzige Wegstück zu überqueren, das Hollywood nicht kontrollieren konnte – den Gehsteig zwischen der Limousine und ihrer Eingangstür.«

Der Alltag der Millionen Auto- und Bahnfahrer ist weniger glamourös. Umso erstaunlicher ist, was Roberts einst der *BILD*-Zeitung auf die Frage verriet, warum sie vor allem auf einer Ranch in New Mexico lebt. »Ich finde alle Dinge, die ich gesucht habe, zu Hause. Zufriedenheit, Geborgenheit, Liebe. Meine Familie ist meine Welt. Ich bin am glücklichsten, wenn ich zu Hause aufwache und unsere drei gesunden Kinder lächeln sehe.« Die Menschen können noch so reich sein und noch so viel Geld verdienen und noch so komfortabel reisen, am Abend und am Wochenende treibt es sie alle nach Hause. Roberts hat am Ende doch sehr viel gemein mit einem Autofahrer, der freitagabends verspannt, müde und entnervt seine Haustür aufschließt. Nur sieht sie dabei wohl besser aus.

Natürlich ist jede Pendlerbiografie eine andere, aber viele Motive tauchen immer wieder auf. Die meisten Menschen wollen dem neuen Job nicht das gewohnte Lebensumfeld opfern und pendeln von der Familie und den Freunden in der Heimat zum Arbeitsplatz. Die Zahl dieser Menschen nimmt beständig zu, weil es kaum mehr Arbeitsverträge gibt, die unbefristet geschlossen werden. Und wer will schon dauerhaft umziehen, wenn der Job morgen gekündigt werden kann? Lange galten Pendler als besonders gut gebildet und einkommensstark. Doch dieser Trend wird längst durchbrochen. Schuldnerberater berichten von Pendlerarmut, von Menschen, die so wenig Geld verdienen, dass sie sich die Fahrten zur Arbeit eigentlich gar nicht leisten können. Jeder dritte Beschäftigte ohne abgeschlossene Berufsausbildung pendelt heute schon über Gemeindegrenzen.

Die Dynamik in Städten wie Hamburg oder München sorgt für weitere Pendlerkarrieren. 321 000 Menschen fahren beispielsweise Tag für Tag zum Arbeiten nach Hamburg hinein. Das Hamburgische Welt-Wirtschafts-Archiv zählte noch 1989 rund 30 Prozent weniger sogenannte Einpendler und rechnet bis 2020 mit weiteren 40 000 Menschen, die täglich nach Hamburg wollen. 40 Prozent von ihnen brauchen schon heute täglich mehr als 30 Minuten für den Weg zur Arbeit. Das aber nehmen sie in Kauf. Die einen schätzen die Idylle im Umland, andere brauchen mehr Platz für die Familie und könnten sich in Hamburg nur eine winzige Wohnung leisten. Und weil schließlich immer mehr Frauen berufstätig sind, stünde durch einen Umzug in Richtung Arbeitsplatz des einen Partners die Karriere des anderen auf dem Spiel.

Mit vielen Argumenten haben Pendler auf dem ersten Blick recht: Der Arbeitsplatz ist nicht mehr ortsgebunden, die Mieten auf dem Land sind niedriger, die Ruhe und die Natur auf dem Land klingt idyllischer als das lärmende Stadtleben. Zudem wollen die allermeisten Pendler nur ein paar Monate pendeln. Dann aber kommt es oft anders als gedacht. Aus Monaten werden schnell Jahre. Und irgendwann müssen sich die Vielfahrer dann eingestehen, dass nicht alles so gut durchdacht ist in ihrem Leben. Sie reden sich das Pendeln schön, obwohl sie nicht wie Julia Roberts von Chicago nach New York wie auf Federn gebettet schweben.

Kapitel 2

Die Schizophrenie des Pendelns

Der Wirtschaftsnobelpreisträger und Psychologe Daniel Kahneman wohnte in seinem ganzen Leben nie weiter als zehn Minuten vom Arbeitsplatz entfernt. »Pendeln ist eine schlechte Sache«, findet Kahneman. Deshalb lebt er mittlerweile in Manhattan und hat es nur wenige Minuten bis zur Columbia-Universität, an der er noch heute forscht.

Der in Israel aufgewachsene Wissenschaftler kann sich dieses scharfe Urteil erlauben, denn er hat akribisch wie kaum ein Zweiter erforscht, was Menschen glücklich macht. Einmal hat er zusammen mit Kollegen mehr als 900 texanische Frauen im Laufe eines Tages ständig befragt, welche Tätigkeit ihnen Freude bereitet und welche weniger. Zu den erwartbaren Ergebnissen zählte wohl, dass Menschen und so auch diese Frauen am meisten Lebensfreude beim Sex empfinden. Aber am unteren Ende der Skala überraschten die Ergebnisse dann doch. Denn noch weniger Spaß als der Beruf, den die Testpersonen ausübten, machte den meisten der Weg dahin. »Wir fanden heraus, dass Arbeit und Pendeln zu den Tätigkeiten zählen, die Menschen eher nicht mögen«, erzählt Kahneman heute. Für den zurückhaltenden emeritierten New Yorker Professor ist das keine große Sensation, aber eine schöne Bestätigung seiner Lebensphilosophie, wonach Menschen, die nicht pendeln, im Durchschnitt glücklicher sind als Vielfahrer: »Die Ergebnisse zeigen, wie schlimm viele Leute das Pendeln finden.« Nichts hat den Befragten in ihrem Alltagsleben weniger Freude bereitet als der Weg zur Arbeit. Keine andere Tätigkeit, sei es Kinderbetreuung, Hausarbeit oder Kochen, wird als annähernd so nervig empfunden wie das Pendeln.

Wer die Studie ernst nimmt, muss wie Kahneman zwangsläufig zu dem Schluss kommen, dass Pendler ihren Lebensstil überdenken sollten. Doch so einfach ist es nicht. Pendler sind oft weit davon entfernt, mit Blick auf ihren Arbeitsweg vernünftige Entscheidungen für sich zu treffen. Der Grund dafür liegt im Pendeln selbst. Das tägliche oder wöchentliche Hin und Her ist so aufreibend und belastend für die meisten Vielfahrer, dass sie sich nicht auch noch damit den Tag vermiesen, ständig Salz in ihre Pendlerwunden zu streuen.

Pendler stehen unter erheblichem Zeitdruck und damit Stress. Sie wissen um ihren anstrengenden Lebensstil. Doch wenn sich die Menschen erst einmal mit dem Pendeln arrangiert haben, nutzt es wenig, ständig nach Gründen zu suchen, die ihr Lebensmodell infrage stellen. Sie sind dann nicht anders als Raucher, die angesichts der Warnungen auf Zigarettenpackungen denken: »Was soll's? Helmut Schmidt ist doch auch 95 Jahre alt damit geworden.« Ein Raucher wird sich die Lust auf die Zigarette nicht mit dem Wälzen von Studien über die Gesundheitsrisiken verderben. Ähnliches lässt sich über einen Pendler sagen. Er handelt stattdessen ein bisschen wie ein Gebrauchtwagenkäufer, der eine Rostlaube erstanden hat. Der wird lange nach Gründen suchen, warum gerade dieses Auto im Nachhinein einen gewissen Charme hat. Vor allem dann, wenn er sich im Freundeskreis behaupten will. Pendler, die auf Partys gern gefragt werden, wie furchtbar anstrengend doch ihr Leben sein muss, sagen dann »Geht schon« und garnieren ihre Antwort mit den spannendsten Heldengeschichten von Deutschlands Zugstrecken und Autobahnen.

Für Psychologen sind Pendler deshalb Gefangene der kognitiven Dissonanz. Sie wissen, dass das Pendeln kein Dauerzustand sein kann. Doch so lange sie unterwegs sind, suchen sie nach guten Gründen, warum an ihrem aktuellen Lebensstil gerade kein Weg vorbeiführt. Den Widerspruch zwischen diesem Wissen um die Realität und dem tatsächlichen Handeln erkennen natürlich auch die Pendler. Wenn sie diesen Widerspruch wahrnehmen, versuchen sie ihr Leben irgendwie mit der Realität in Einklang zu bringen. »Wenn

Menschen mit einer Flut teils widersprüchlicher Fakten und Gefühle konfrontiert sind – und das sind Pendler laufend –, bevorzugen sie Erklärungen, die möglichst gut zu ihren Werten und Wünschen passen«, sagt der Sozialpsychologe Tobias Schröder von der Fachhochschule Potsdam. In seiner Forschung untersucht er emotionale Einflüsse auf Mobilitäts- und Wohnortentscheidungen. Wichtig sei für ständig Reisende wohl der Wunsch, sich selber als kompetente und vernünftig handelnde Person zu erleben, sagt Schröder. Deswegen wiegeln Vielfahrer Nachteile des Pendelns ab nach dem Motto: »Ist doch gar keine verlorene Zeit, unterwegs kann ich ganz viele Hörbücher hören«. Die Vorteile werden noch aufgewertet. Schröder berichtet beispielsweise von VW-Ingenieuren, die nicht aus ihrem Umfeld wegziehen wollen: »Berlin oder Hamburg, da kann man leben, aber Wolfsburg ist doch so was von spießig und vorgestern, da würde ich nur eingehen.«

Christoph Jacobi ist ein solcher Wirtschaftsingenieur und pendelt seit über einem Jahr zwischen Hamburg und Wolfsburg. Er hat sich auf dieses Leben eingelassen, weil seine Frau in Hamburg arbeitet und dort nicht nur Verwandte hat, sondern beide auch einen engen Freundeskreis. Tägliches Pendeln kommt für Jacobi nicht infrage. Allein die einfache Bahnfahrt würde zweieinhalb Stunden dauern. Er ist ein Wochenendpendler und hat sogar eine Wohnung in Wolfsburg. Aber lebt er dort auch? »Für mich ist Wolfsburg einfach nur Arbeit«, sagt Jacobi. Selbst wenn er gegen 20 Uhr nach Hause kommt, bereitet er noch die Treffen und Besprechungen für den nächsten Tag vor, »dann noch kurz fernsehen und ins Bett«, sagt Jacobi.

Mit diesem Leben wird Jacobi nie ankommen in Wolfsburg. Dort vermisst er am meisten den lebendigen Charakter einer gewachsenen Stadt, sagt er. Wolfsburg wurde 1938 gegründet, Hamburgs Geschichte reicht bis weit ins 9. Jahrhundert zurück. Was manche für hanseatische Hochnäsigkeit halten könnten, macht Jacobi an konkreten Beispielen fest. »Es gibt kaum eine richtige Bar- oder Clubkultur hier«, sagt der 40-Jährige und in den Restaurants und Kneipen träfen sich abends nicht Künstler und Kreative wie im Hamburger Schanzenviertel, sondern VW-Angestellte. »Mir fehlt hier einfach die Vielfalt, das Multikulti«, sagt Jacobi. Freitagnachmittags sitzt er deshalb im Auto Richtung Hamburg – und sorgt mit diesem Leben natürlich unbewusst auch dafür, dass Wolfsburg abends und am Wochenende weniger lebendig ist, als Jacobi es so gern erleben würde. Doch das bekommt hier kaum ein Pendler mit. Von seinen fünf engsten Mitarbeitern gibt es nur einen, der in Wolfsburg lebt.

Jacobi hat sich wie die meisten Vielfahrer eingerichtet in seinem Pendlerdasein. Menschen wie er ziehen dieses Leben Jahre oder Jahrzehnte durch. An jedem Wochenende saugen sie das Großstadtleben ein, besuchen Freunde und Konzerte. Dadurch wird das Pendlerdasein erträglicher, aber die Entscheidungen des Einzelnen eben nicht rationaler. Das gibt auch Jacobi zu: »Generell halte ich pendeln für nicht vernünftig, da es in der Regel eine Zeitverschwendung ist. Dieses Leben ermöglicht mir allerdings, meine privaten und beruflichen Ziele zu verwirklichen.« Pendeln ist für Jacobi »ein notwendiges Übel der Moderne«. Er glaubt sogar, »dass die Anzahl der Pendler zukünftig weiter steigen wird«.

Die Frage ist nur: Wenn schon recht entspannte Vielfahrer wie Jacobi Pendeln als ein Übel bezeichnen, warum tun es sich dann Millionen Deutsche Tag für Tag an? Die Pendler selbst führen ungezählte gute Gründe für ihr unstetes Leben an. Kinder spielen eine Rolle, Freunde, der sichere Arbeitsplatz in einer unattraktiven Stadt oder die schöne Wohnung in der Heimat, der Garten, der Kiez und immer wieder die Kosten. All diese Motive sind unmittelbar einleuchtend und doch erliegen Menschen dabei so mancher Illusion – den Schizophrenien des modernen Pendlerlebens eben. Verrückt, oder?

Ganz so einfach ist es nicht. Bleiben wir doch noch einmal im Norden der Pendlerrepublik Deutschland, im Wendland.

Hier hat Rebecca Harms in den 70er Jahren gegen die Atomkraft demonstriert und hier lebt sie noch heute. Sie ist auch davon überzeugt, dass es dabei bleibt: »Ich möchte meine Heimat nie verlassen.« Zugleich jedoch jettet die engagierte Umweltpolitikerin durch Europa und die Welt. 2009 ist die 57-Jährige zur Fraktionsvorsitzenden der Grünen im Europäischen Parlament gewählt worden.

Ganz Niedersachsen ist Harms' Wahlkreis, ihre Büros sind in Brüssel, Straßburg und Hannover. Es gibt Wochen, da ist sie montags in Berlin, dienstags in Paris und fliegt dann in die Ukraine oder nach Griechenland, um am Wochenende doch immer wieder auf der B493 in ihr geliebtes Bauernhaus zu fahren. Im gerade 60 Einwohner zählenden Dörfchen Dickfeitzen südöstlich von Hamburg steht das und der Kontrast zu Brüssel ist ungefähr so, als würde man zwischen New York und Buxtehude pendeln. Immerhin dauert es nur halb so lang. »Im Schnitt kostet mich das Pendeln zehn bis 15 Stunden die Woche«, sagt Harms.

Dabei ginge es auch anders. Würde sie in Berlin oder Hannover leben, könnte sie in einer halben Stunde am Flughafen sein und ein Hauptbahnhof wäre um die Ecke. So benötigt sie mit dem Auto zum nächsten Flughafen fast zwei Stunden. Einen Umzug aber, den bringt Harms nicht übers Herz. »Das Leben hier macht sich ja nicht nur an Haus und Garten fest, sondern auch an meinen Freunden. In Berlin oder Hannover wäre die Entwurzelung noch viel stärker zu spüren. Lieber nehme ich jede Woche drei Stunden mehr Fahrtzeit auf mich, als meine Heimat aufzugeben.«

Ursprünglich wollte Harms höchstens fünf Jahre pendeln. Und auch das nur bis Hannover. So hatte sie es sich zumindest vorgenommen, als sie in den niedersächsischen Landtag gewählt wurde. Ein gewaltiger Irrtum: 2014 feiert sie 20-jähriges Pendeljubiläum.

Ihr Zuhause im Wendland nennt Rebecca Harms »eine Oase der Ruhe«. Weil sie überwiegend in den Hauptstädten Europas arbeitet, kann sie dieses Leben nur führen, wenn sie

Zug- und Autofahrten mit dem Fliegen kombiniert: Sie zieht sich wie so viele andere Pendler in der Freizeit zurück ins Ländliche und nimmt dafür Wege in Kauf, die das Klima und die Umwelt belasten. Harms ist damit ein Beispiel für die erste Schizophrenie des Pendelns. Diese lautet: Zurück zur Natur auf Kosten des Klimas.

Rebecca Harms hat das längst erkannt, die eigene Klimabilanz macht ihr schwer zu schaffen. Ein richtig schlechtes Gewissen hatte Harms, als sie nach einigen Jahren des Pendelns so selbstverständlich im Flugzeug saß wie andere im Bus. »Das hat mich schockiert.« Um das schlechte Gewissen ein wenig zu kompensieren, zahlt sie für jeden Flug einen freiwilligen Ökozuschlag, der über die Klimaschutzorganisation atmosfair ermittelt und abgerechnet wird. Schon für die Kurzstrecke von Berlin nach Brüssel sind es sechs Euro für die anfallenden 230 Kilogramm CO_2 (ein Kühlschrank verbraucht in einem Jahr durchschnittlich umgerechnet 100 Kilogramm CO_2). Atmosfair investiert dieses Geld dann in Klimaschutzprojekte in der ganzen Welt. Kritiker sprechen vom modernen Ablasshandel, aber wer tatsächlich den Schaden wiedergutmachen will, den er mit seiner Vielfliegerei anrichtet, hat keine Alternative.

Im Wendland hingegen ist die Welt ohnehin in Ordnung. Dort wirbt die Tourismusregion mit Stromtalwiesen, Auwäldern und der weitläufigen Dünenlandschaft der Nemitzer Heide. Es ist dieses Kontrastprogramm, das Menschen wie Rebecca Harms brauchen, um in staubigen, verstopften, engen, wuseligen, baustellenlärmverseuchten und dazu noch hässlich zweckmäßigen Gegenden wie dem Brüsseler EU-Viertel zu überleben.

Woran liegt es noch, dass es die Menschen raus aufs Land treibt? Im Falle von Rebecca Harms ist die Sache klar. Heimat- und Naturverbundenheit.

Der amerikanische Psychologe Daniel Kahneman führt die Pendelleidenschaft schlicht auf eine »Illusion« zurück. Um den Stress der Fahrerei zu ertragen, verharmlosen Vielreisende ihre Lebenssituation, sagt er: »Wenn Menschen über ein Haus nachdenken, das sie sich außerhalb der Stadt kaufen wollen, dann sieht dieses Haus viel größer und bedeutender aus, als der Aufwand für das Pendeln am Ende sein wird. Die Käufer können sich dann leicht vorstellen, wie viel glücklicher sie das macht. Aber an die Anstrengungen des Alltags denken diese Leute viel zu wenig. Sie unterschätzen systematisch die Folgen des Pendelns.«

Auch der Berliner Mobilitätsforscher Andreas Knie sucht seit Jahren nach Motiven für den Auszug aus Städten. Mittlerweile hat er eine Antwort gefunden: »Die Deutschen kommen mit diesem Lebensmodell ihrem Traum vom Eigenheim und einem guten Leben so nah wie möglich. Mit dem Auto im Kopf verbinden die Menschen die gute Luft auf dem Land mit allen Vorteilen der Urbanität.« Nachmittags Rasenmähen, dann den Grill anschmeißen und abends schnell in die Stadt fahren: Theater, Kino und Konzerte. Ein Bekannter von Knie ist vor nicht allzu langer Zeit von Kreuzberg raus ins Berliner Umland gezogen. Beim ersten Besuch fand Knie sich in einer Reihenhaussiedlung wieder, wo der Garten so klein war, dass sich die Leute aus seiner Sicht »zum Leben im Berliner Kiez tausendmal verschlechtert hatten«. Aber das Eigenheim, sagt Knie, sei im Wohlstandsmodell der Bundesrepublik Deutschland festgeschrieben: »Wer älter wird, zieht ins Grüne. Für manche ist das wie das Grundgesetz.«

Zum Beispiel für Christian Decker. Er ist an der Nordseeküste aufgewachsen, hat im überschaubaren Aachen studiert und fand dann Arbeit in Hamburg. Vier Jahre lang hat der heute 35-Jährige nach seinem Architekturstudium im Osten der Hansestadt gelebt, dann zog er raus aufs Land, in den Westen nach Wedel, und pendelt nun täglich zwei Stunden mit S- und U-Bahn zur Arbeit in der Stadtmitte. »Uns fehlte die Landschaft, die Ruhe und das Segeln«, sagt Decker. Am Wochenende fährt er mit dem Rad in wenigen Minuten zum Hamburger Yachthafen und kurz darauf ist er auf dem Wasser. An Sommerabenden skatet er bisweilen in die Wedeler

Au, ein Naturschutzgebiet, nur einen gefühlten Steinwurf von zu Hause entfernt. Seine Frau arbeitet auch in Hamburg, auch sie liebt die Natur und auch sie fühlt sich nun wohler als in der Stadt. Beide sind nie so richtig angekommen im Großstadtleben Hamburgs. »Wir wohnten in Hamm. Das ist zwar mitten in der Stadt, aber um ins Kino oder Theater zu gehen, waren wir trotzdem eine halbe Stunde unterwegs.« Die Schattenseiten der Großstadt haben sie hingegen hautnah erlebt: Baulärm, Verkehrslärm, selbstmörderische Fahrradfahrten zur Arbeit. Wenn das Ehepaar am Wochenende zu Freunden aufs Land fuhr, fühlten sich beide schlagartig erholt. Und irgendwann stand der Entschluss fest: »Dafür nehmen wir das Pendeln gern in Kauf.« Der Preis jedoch ist hoch. Im Grunde heißt er: Mehr Ruhe nach dem Feierabend für deutlich mehr Stress am Tag. Das ist die zweite Schizophrenie des Pendelns.

Von Herbst bis Frühjahr erlebt Decker Wedel wochentags praktisch nur im Dunkeln. Er geht gegen 7 Uhr aus der Wohnung und kehrt selten vor 19 Uhr wieder heim, Wedel ist dann längst wieder finster. Bei seiner Frau sehen die Tage ähnlich aus. »Meist kochen wir abends noch eine Kleinigkeit und dann geht's bald ins Bett«, sagt Decker. Er hat unterschätzt, dass ihm in der Woche Freizeit fehlt, um Hobbys nachzugehen. Das sei ein hoher Preis, »eine hohe Einschränkung«. Decker dachte, dass er die Zeit in der S-Bahn besser nutzen, dass er mehr arbeiten würde. Doch wenn er morgens in die schlafenden und müden Gesichter seiner Mitfahrer blickt, muss er sich eingestehen, sich ähnlich zu fühlen. Abends ist der Kopf voll. »Da kann ich keine Fachlektüre mehr lesen.« Nach einem Jahr pendeln stellt Decker fest: »Es ist anstrengender, als ich dachte.« Zu Beginn hat das Ehepaar durchaus innegehalten und überlegt, ob man nicht doch zurück in die Stadt ziehen sollte. Decker aber ist letzten Endes trotzdem überzeugt: »Das war die absolut richtige Entscheidung.«

Was Menschen auf sich nehmen für den Traum vom Eigenheim, nimmt fast schon absurde Züge an. Der Lehrer Martin

Töttger pendelt täglich drei Stunden zwischen Sarstedt bei Hannover und Braunschweig. Seine Frau, ebenfalls Lehrerin, fährt mit dem Auto 50 Kilometer zur Schule nach Uetze. Der Grund: Das Ehepaar konnte recht günstig ein Haus kaufen, zu dem ein 1000 Quadratmeter großes Grundstück gehört. »Das hätten wir weder in Hannover noch in Braunschweig je bekommen«, sagt Töttger. Das Haus liegt zudem in Töttgers Heimatstadt, hier fühlt er sich wohl – und zu Hause.

Dank des S-Bahn-Anschlusses sind die Töttgers in 20 Minuten in Hannover, abgeschnitten vom Stadtleben fühlen sie sich damit nicht. Aber Töttger hat schon größte Mühe, zweimal die Woche zum Fußballtraining zu gehen. »Natürlich fehlt mir ständig die Zeit dafür, vor allem, wenn der Stress an der Schule zunimmt.« Konferenzen, Elternsprechtage und Korrekturphasen in den Abendstunden sorgen dafür, dass Töttger immer wieder das Gefühl bekommt, der Alltag bliebe auf der Strecke. Mal muss ein Handwerker organisiert werden, dann steht der Zahnarzttermin an und ein Besuch beim Frisör wäre auch nicht schlecht. Wenn Töttger nach sechs Stunden Unterricht am Stück den ganzen Nachmittag überbrücken muss, ehe eine Konferenz anfängt, war mancher Kollege zu Hause, hat gekocht, geschlafen und die Stunden für den nächsten Tag vorbereitet. »In der Schule kann ich höchstens korrigieren«, sagt Töttger. Wer mit ihm spricht, wird das Gefühl nicht los, dass dem Lehrer wohl bewusst ist, dass der Preis für sein Eigenheim höher war, als er offen zugeben würde. Nicht der finanzielle, sondern der eigene, soziale.

Es gibt ein Medium, das könnte bald dafür sorgen, dass Martin Töttger überhaupt nicht mehr pendeln muss und berufliche Mobilität Geschichte ist. Marketingprofessoren sahen schließlich schon in den 80er Jahren das Ende der Dienstreise voraus. Damals etablierte sich eine teure Videokonferenztechnik in deutschen Büroräumen und Vorstandsetagen. Doch bis zur Zäsur dauerte es noch zwei Jahrzehnte länger. Erst das Internet sorgte für den großen Einschnitt.

Theoretisch könnte Martin Töttger schon heute von zu Hause unterrichten, er würde damit nur nachahmen, was in Amerika ein großer Trend ist. Dort stellen die besten Universitäten ihre eindrucksvollsten Vorlesungen online. Mooc – massive open online courses – nennt sich die Bewegung, die das Pendeln nicht nur für die Dozenten, sondern auch für die Studenten unnötig erscheinen lässt. »Harvard für alle Welt« schrieb im März 2013 *DIE ZEIT*. Und natürlich gibt es von Jahr zu Jahr mehr Vorlesungen im Netz. Wer gerade arbeitslos ist, der wird vom Arbeitsmarkt in Online-Kursen fit gemacht für den nächsten Job. Und in tausenden Unternehmen in Deutschland trifft man sich heute täglich zu Online-Videokonferenzen. Die These, dass das Internet dafür sorgen wird, dass künftig weniger gependelt wird, liegt also nahe – und ist doch falsch.

Das ist die dritte Schizophrenie des Pendelns: Das Internet ersetzt die Reisen nicht, sondern sorgt im Gegenteil eher noch für zusätzliche Mobilität. Die Strategieberatung Booz & Company berät dutzende Großunternehmen und Mittelständler in Deutschland. Die Berater sind Pendler im Dauereinsatz, vier Tage die Woche unterwegs, einen Tag im Büro. Selbst kleinere Unternehmen würden immer internationaler, sagt Jürgen Ringbeck, seit 12 Jahren Partner bei Booz & Company. Er ist so viel unterwegs, dass er sich in Düsseldorf ein Büro mit einem anderen Topmanager der Unternehmensberatung teilt. Den Pendlern im eigenen Unternehmen kommt das Management so weit wie möglich entgegen – sei es mit frei wählbaren Standortwechseln, Home office oder Gleitzeit. So lange die Arbeit gemacht wird, zeigen sich die Chefs flexibel.

So geht es jedoch in den allerwenigsten Firmen zu. Auch da hat Ringbeck, der sich bei Booz & Company um den Mobilitätssektor kümmert, seine Erfahrungen gemacht. »In vielen Unternehmen wird die Präsenz einfach erwartet«, sagt Ringbeck. Mal sind es wie bei Volkswagen die Maschinen, die bedient werden müssen, dann sind es vertrauliche Besprechungen, die bisweilen sehr spontan einberufen werden. Wer dann nicht dabei ist, ist draußen.

Der frühere HSV-Trainer Thorsten Fink hat offenbar entscheidende Sitzungen verpasst, weil er angeblich zu oft zu seiner Familie reiste. 18 Monate hat Finks Frau mit den beiden Kindern in Hamburg gewohnt, ehe die Familie zurück ins geliebte München zog. Fink begann zu pendeln. Ganze drei Monate dauerte dieses Leben, dann flog er raus beim HSV. Die Misserfolge zum Saisonstart waren ein Grund, doch offenbar hat es der Vereinsspitze auch nicht gefallen, dass Fink an spielfreien Tagen zur Familie geflogen ist. Angeblich sei Fink überhastet nach einer Niederlage in Dortmund nach München gereist. Der HSV-Sportdirektor Oliver Kreuzer kritisierte dies in aller Öffentlichkeit: »Zugegebenermaßen ist das etwas unglücklich, die Entscheidung getroffen zu haben, zur Familie zu fliegen.« Im Interview beschrieb Fink, wie er den Rauswurf erlebt hatte: »Die Zeitungsberichte haben sich gelesen, als sei ich gar nicht beim Training der Mannschaft gewesen. Dieser Eindruck ist falsch! Ich war Sonntag um acht Uhr am Stadion, ab halb neun habe ich mit Sportchef Oliver Kreuzer zusammengesessen. Ab neun Uhr habe ich Gespräche mit einzelnen Spielern geführt. Erst als die Mannschaft später laufen ging, bin ich gefahren. Ich laufe nie mit, weil das meine Knie nicht zulassen. Meine Arbeit war getan. Dienstag sollte es weitergehen.« Da jedoch war Fink schon entlassen.

So wie Thorsten Fink im Flieger sind täglich hunderttausende Pendler abgeschnitten von wesentlichen Entscheidungen, die oft informell im kleinen Kreis getroffen werden. Sie sind auf der Autobahn oder im Zug, wenn ihre Kollegen Intrigen spinnen, um Beförderungen buhlen oder am Kickertisch anstehende Projekte besprechen. Die Arbeitspsychologin Antje Ducki spricht von betrieblicher Mikropolitik: »Je mehr ich mich im Unternehmen zeige, desto eher spiele ich dabei mit. Hier ein kleines Lächeln, dort ein Plausch auf dem Flur und jeden Mittag eine Verabredung zum Essen.« Wer dauerhaft Erfolg haben will im Unternehmen, sagt Ducki, »der muss vor

Ort sein«. Mit anderen Worten, wenn die Familie nicht ganz nah am Arbeitsplatz lebt, führt am steten Pendeln kein Weg vorbei, selbst wenn das Home office so angenehm und verlockend klingt. Doch Vorsicht! Manche Arbeitgeber – und ein Fußballclub wie der HSV zählt wohl dazu, wie Finks Erfahrung zeigt – mögen die Heimfahrt zur Familie als schleichende Entfremdung oder mangelnde Identifikation deuten. Und die Karriere zumindest erschweren.

Anders ist es in Firmen, die ihre Mitarbeiter so weit spezialisiert haben, dass diese nicht mehr nur für einen Standort zuständig sein können. Airbus schickt Montag für Montag Flugzeuge voller Monteure und Ingenieure von Hamburg nach Toulouse. In Frankreich versuchen die Deutschen dann gemeinsam mit französischen Kollegen Hürden bei der Entwicklung neuer Flugzeugmodelle aus dem Weg zu räumen. Umgekehrt pendeln hunderte Franzosen mit diesem Shuttleservice nach Hamburg, um den deutschen Mitarbeitern unter die Arme zu greifen.

Für Christiane Schneweis wäre es undenkbar gewesen, ihren Job von Hamburg aus zu machen. Die 40-jährige ist an der Elbe aufgewachsen, mit ihrem Freund lebte sie in einer Wohnung in Hamburg. Sie ist lange Sachbearbeiterin bei einem Telefonanbieter gewesen. Dann aber kam die Chance, ein eigenes Team zu leiten. Von Frankfurt aus. Für Schneweis ein Karrieresprung. Doch schnell war klar: Das gewünschte Home office an einem oder zwei Tagen war undenkbar. Schneweis betreute 30 Mitarbeiter an den Standorten Duisburg, Dortmund, Köln und Kassel. Oft ging es schon morgens um sechs Uhr in den Zug, mit Glück war sie um 19 Uhr zurück in Frankfurt. Vom Schreibtisch oder von zu Hause aus war ihr Job undenkbar. »Einzelgespräche mit den Mitarbeitern und Feedbackrunden waren der Kern meiner Arbeit. Das geht nur im persönlichen Gespräch«, sagt Schneweis.

Vor allem Großunternehmen neigen zudem – aus Kostengründen – zur Zentralisierung. Die Zeitschriften *Neon*, *Eltern* und *p.m.* wurden jahrelang in München erdacht und produziert, 2014 sollten die Redaktionen komplett nach Hamburg in die Verlagszentrale von Gruner & Jahr umsiedeln. Die Lufthansa schließt 2017 nach über 60 Jahren ihre Hauptverwaltung in Köln. Mitarbeiter dürfen im Konzern bleiben. Umzug inklusive. Selbst die Kirchen zentralisieren, wo sie können. Das Diakonische Werk (Brot für die Welt) ist jüngst mit dem Evangelischen Entwicklungsdienst zum Evangelischen Werk für Diakonie und Entwicklung fusioniert. Viele Mitarbeiter arbeiten nun nicht mehr in Stuttgart und Bonn, sondern nur noch in Berlin.

Zudem ist Volkswagen, Siemens, Lufthansa und all den anderen großen Unternehmen in Deutschland gemein, dass Leistungen, die nichts mit dem Kerngeschäft zu tun haben, ausgelagert werden. Das Kantinenessen wird von auswärts geliefert, Hausmeisteraufgaben von Fremdfirmen übernommen. Selbst der Sicherheitsdienst wird meist von fremdem Personal gemacht. Marktführer in Deutschland ist das schwedische Unternehmen Securitas, ein Unternehmen mit weltweit 300000 Mitarbeitern. »Diese Spezialisierung von Dienstleistungen sorgt natürlich auch für zunehmende Mobilität«, sagt Ringbeck.

Und dann gibt es noch tausende Projektingenieure, Softwareentwickler und Controller, die immer dort sind, wo es gerade brennt beim Kunden oder in der Firma selbst.

Der IT-Experte Thomas Hagemann fährt sonntags von Osnabrück nach Frankfurt, um dienstags in den Zug zum Genfer See zu steigen. Donnerstagmorgens geht es meistens zurück nach Frankfurt, Freitag nach Osnabrück. Hagemann arbeitet für den größten europäischen Softwarehersteller SAP. Viele Großkonzerne sind SAP-Kunden und Hagemann betreut einen der wichtigsten. Aber das geht nur vor Ort, sagt er. »Ab einer gewissen Hierarchieebene wird einfach erwartet, dass wir persönlich beim Kunden sind.« Topmanager lassen sich nicht mit einer Videokonferenz abspeisen, wenn sie auch ein persönliches Gespräch verlangen können, heißt das übersetzt. Hagemann glaubt auch zu wissen, warum: »Das große

Problem jeder Videokonferenz ist die fehlende physische Präsenz. Man kann sich nicht in die Augen schauen und den Kunden nicht mit allen Sinnen wahrnehmen.« Obwohl die technischen Voraussetzungen für eine verzögerungsfreie Übertragung von Videogesprächen über tausende von Kilometern längst gegeben seien, zögerten Berater wichtige Besprechungen via Internet zu erledigen. Da kann SAP noch so sehr darauf setzen, mit weniger Dienstreisen Kosten zu sparen und etwas für die Umwelt zu tun. Im Zweifel ist das Geschäft wichtiger als das Home office.

Als Thomas Hagemann 1998 mit der Arbeit für SAP begann, gab es gerade einmal vier Millionen Internetanschlüsse in Deutschland. Heute verfügt praktisch jeder Haushalt über einen Zugang zum Netz, von den Unternehmen ganz zu schweigen. Und doch sagt Hagemann, dass er heute eher noch mehr unterwegs ist als zu Beginn seiner SAP-Karriere vor 15 Jahren. Mit jedem weiteren Jahr im Unternehmen bauten sich neue Beziehungen zu Geschäftspartnern auf. »Diese Menschen will ich einfach regelmäßig persönlich treffen«, sagt Hagemann. Zugleich gibt es jedoch Tage, da schaltet er von einer Videokonferenz zur nächsten. Viele Reisen in die USA kann er sich heute sparen, weil sich die Dinge intern immerhin manchmal auch per Konferenz regeln lassen. Aber eben längst nicht alle.

Natürlich wäre es klug für Hagemann, nach Frankfurt zu ziehen. Er hat auch schon in Australien, Südafrika und Spanien gelebt. Doch in Osnabrück wartet am Wochenende seine Familie, die Eltern, die Freunde. »Dort schöpfe ich Kraft für die Woche«, sagt Hagemann. Solche Argumente sind nachvollziehbar und doch schwer zu verstehen. Schließlich führt Hagemann auch dieses Gespräch von unterwegs, er pendelt mal wieder und rauscht mit dem ICE Richtung Frankfurt mehrfach durch Funklöcher. Pendleralltag im 21. Jahrhundert.

Es ist wie beschrieben ein Jahrhundert, in dem Unternehmen statt des Endes der Geschäftsreise eher noch eine

Zunahme erleben. »Durch das Internet müsste man doch eigentlich weniger mobil sein, aber das Gegenteil ist der Fall«, sagt der Unternehmensberater Ringbeck. In den Vereinigten Staaten verbringen heute sieben von zehn leitenden Angestellten mehr Zeit in Besprechungen als noch vor fünf Jahren. Trotz Skype, FaceTime und Internetflatrates.

Und in Deutschland? Da stellte der Volkswirt Karl Brenke vom Deutschen Institut für Wirtschaftsforschung im Frühjahr 2014 ganz überraschende Zahlen zusammen. Seinen Berechnungen zufolge hat sich der Anteil derjenigen, die überwiegend oder manchmal von zu Hause aus arbeiten, in den vergangenen 20 Jahren kaum verändert. Interessant ist hierbei vor allem der jüngste Trend: Seit 2008 ist die Zahl der Erwerbspersonen mit häuslicher Erwerbstätigkeit um 800 000 zurückgegangen – und das obwohl die Zahl der Beschäftigten insgesamt um 1,5 Millionen angestiegen ist. »Die Bedeutung von bezahlter Arbeit zu Hause nahm in allen Altersgruppen, bei Männern und bei Frauen, bei Vollzeit- und bei Teilzeitbeschäftigten, bei Beamten, Angestellten und Arbeitern sowie unabhängig von der beruflichen Qualifikation ab«, schreibt Brenke. Insgesamt habe sich die Zahl der Heimarbeiter seit 2008 um ein Sechstel reduziert.

Andererseits ist das Internet ein Segen! Für all jene, die mit den Folgen einer Fernbeziehung leben müssen oder Freundschaften über Grenzen hinweg aufrechterhalten möchten. Kehren wir doch noch einmal zum Unternehmensberater Jürgen Ringbeck zurück. Er erzählt, wie das Internet sein Familienleben verändert hat: »Für die junge Generation meiner Kinder hat das Internet eine internationale Gemeinschaft kreiert. Der Umgang selbst mit flüchtigen Bekannten ist vollkommen unkompliziert und mit der Vernetzung über soziale Netzwerke steigt der Anreiz für Besuche.« Ringbecks Tochter verbrachte ein Austauschsemester in den USA und hält Kontakte über Skype und Facebook aufrecht. Ein angenehmer Luxus für Schüler und Studenten, doch manche Fernbeziehung würde es ohne Skype kaum mehr geben.

Die 32-jährige Pendlerin Julia beispielsweise ist überzeugt, dass die Internettelefonie ihre Beziehung sehr bereichert. Jeden Tag verabredet sie sich mit ihrem Freund Timo zum Telefonat über FaceTime. Timo ist unter der Woche in München, Julia pendelt von Düsseldorf nach Köln. Abends stellt sie bisweilen ein iPad auf den Küchentisch und kocht nebenbei. »Wir haben so sogar schon zusammen Fußball geguckt«, sagt sie. »Ich habe das Gefühl, dadurch sind wir uns näher. Das Internet hält unsere Beziehung wochentags aufrecht«, sagt sie. Das Internet zementiert damit eine Lebensweise, die Julia und Timo sonst vielleicht längst überdacht hätten. Stattdessen arrangieren sie sich nun mit dem Pendlerleben.

Auch für die Arbeitswelt des Unternehmensberaters Jürgen Ringbeck hatte das Internet deutliche Konsequenzen. Das Netz hat sein Berufsleben praktisch auf den Kopf gestellt. Sein Unternehmen hat vor einigen Jahren das Reiseverhalten von Grund auf analysiert und überlegt: Wo werden künftig Telefonkonferenzen abgehalten und wo muss man Kunden oder Kollegen tatsächlich treffen? Am Ende wurden vor allem interne Besprechungsrunden häufiger in Form von Videokonferenzen abgehalten, »aber das kann man nicht beliebig machen«, sagt Ringbeck. Booz & Company hat dafür eigens Kontaktquoten ermittelt. So wird das Minimum an Treffen verschiedener Kollegen festgelegt, meist sehe man sich mindestens zwei-, dreimal im Jahr. Doch trotz aller Analysen und dem Willen, hunderttausende Euro an Reisekosten einzusparen, ist gerade dies nicht passiert. »Wir reisen in Summe nicht weniger, sondern konzentrieren uns noch mehr auf die Kunden. Weil die jedoch heute um die ganze Welt verstreut sind, müssen wir dort vor Ort sein.« Ringbeck glaubt mittlerweile, dass sich persönliche Treffen und Technologiefortschritt gegenseitig fördern. Im Grunde glaubt er heute das genaue Gegenteil von dem, was jene Marketinggurus propagierten, die schon das Ende der Dienstreise ausriefen.

Wir machen uns vor, durch das Internet weniger zu reisen, aber sind heute viel mehr unterwegs als noch vor 20 oder

30 Jahren. Wir wollen nach dem Feierabend entspannen und nehmen dafür tagsüber bisweilen abenteuerlichen Stress auf uns. Wir möchten zurück zur Natur und nehmen billigend in Kauf, dass dieser Lebensstil unser Klima belastet. Es sind diese drei Schizophrenien der Pendlerrepublik Deutschland, die auch dazu beitragen, dass Martin Töttger und Millionen anderer Pendler jeden Abend mit dem Gefühl nach Hause kommen, genau die richtige Entscheidung getroffen zu haben. Wer am Ziel ist, hat den Weg dahin schnell vergessen.

Die Schizophrenien des Pendelns erklären auch den Widerspruch, den die Ökonomen Bruno Frey und Alois Stutzer eindrucksvoll beschrieben haben. Vor rund zehn Jahren haben die Wissenschaftler tausende Pendlerdaten ausgewertet. Sie sind der Frage nachgegangen, ob die Pendler für die Mühen des langen Arbeitsweges so entlohnt werden, dass es ihnen am Ende genauso gut geht wie jenen, die nur wenige Minuten vom Arbeitsort entfernt wohnen. Die Vielfahrer müssten dann beispielsweise besser bezahlt werden oder mit ihrem Beruf zufriedener sein. Das Ergebnis war eindeutig: Der Stress des Pendelns lohnt sich nicht. Dann aber begannen die Wissenschaftler zu rätseln: Eigentlich müssten die unzufriedenen Pendler sich langsam ihrer Situation bewusst werden und dann entweder weniger pendeln oder ein höheres Gehalt fordern. Doch nichts dergleichen konnten Frey und Stutzer beobachten. Wie Detektive suchten sie nach Motiven. Sie dachten zum Beispiel, dass Pendler die Reisen ihrer Familie zuliebe auf sich nehmen und es den Partnern oder Freunden dann entsprechend besser geht. Doch das Gegenteil ist der Fall: Die Partner leiden mit.

Die nächste Möglichkeit, warum sich Menschen der zusätzlichen Belastung aussetzen, könnte an der Arbeit selbst liegen. Wenn sie besonders spannend oder attraktiv ist, wäre das natürlich eine Erklärung für längere Pendelzeiten. Doch wieder deckt sich die These nicht mit der Empirie der Studie: »Menschen mit einer langen Distanz zur Arbeit ... sind nicht zufriedener mit ihrem Haus oder der Wohnung und berichten sogar, dass sie unzufriedener mit ihrer Arbeit sind.«

Nur eines konnten die Wissenschaftler ganz genau ermitteln: Die Summe, die man Pendlern eigentlich als Ausgleich dafür zahlen müsste, dass sie viel länger unterwegs sind als die Kollegen, die neben der Firma wohnen. Wer – wie im Jahr 2000 der Durchschnittsdeutsche – 23 Minuten für den Weg zur Arbeit braucht, sollte im Vergleich zu jemandem, der praktisch zu Hause arbeitet, 242 Euro zusätzlich verdienen. Das entsprach damals 18,86 Prozent des angegebenen Durchschnittslohns! Natürlich gibt es kaum Fälle, in denen sich Arbeitgeber auf einen Pendlerbonus einlassen. Doch warum machen Pendler all das mit? Frey und Stutzer haben dafür eine naheliegende Erklärung. Den Pendlern falle es schwer, die wahren Kosten des Pendelns für ihr Wohlbefinden zu ermitteln. Hinzu kommt, dass sie sich schneller an ein höheres Gehalt gewöhnen (und damit keine zusätzliche Lebensfreude darin sehen) als etwa an den ständigen Begleiter des Pendlers, zufälligen Lärm. Doch am Ende, so die Autoren, führten womöglich mangelnde Willensstärke und Ängste – beispielsweise um den drohenden Arbeitsplatzverlust – dazu, dass die Menschen in diesem schlechteren Lebenszustand verharren.

Schauen wir uns dazu noch einmal das Beispiel von der Teamleiterin Christiane Schneweis an. Schneweis hat gerade einmal 15 Monate durchgehalten und musste sich dann eingestehen: »Ich kann nicht mehr.« Der Kontakt zu engsten Freunden riss nach einigen Monaten ab, ihre Beziehung verschlechterte sich, »ich hatte das Gefühl, wir leben uns auseinander«. Oft verabredete sie sich gar nicht mehr am Wochenende, sondern lag am liebsten samstags im Bett: »Schlafen, schlafen, schlafen«. Als sie das Gefühl hatte auszubrennen, nahm sie endlich ihren Mut zusammen und bewarb sich im Unternehmen auf eine Stelle, die sie wieder ganz nach Hamburg brachte.

Das allerdings setzt zwei Dinge voraus: Der Arbeitgeber muss – wie im Falle Schneweis – mitspielen und möglichst bundesweit Stellen im Angebot haben. Und der Pendler muss zum Äußersten bereit sein: Er muss innerhalb des Unternehmens mit einem Karriereknick leben können oder sogar erwägen, die Firma zu wechseln. So weit aber gehen die wenigsten. Nur deshalb ist wohl auch zu erklären, warum Pendler so rücksichtslos gegenüber ihrem wichtigsten Verbündeten agieren: der eigenen Gesundheit.

Kapitel 3

Wen Pendeln krank macht

Im Frühjahr 2004 verkabelte der britische Psychologe David Lewis 40 Männer und Frauen. Eine Woche lang maß ein Team von Wissenschaftlern Gehirnströme, Herzfrequenz und Blutdruck der Testpersonen. Lewis ahnte nicht, welche Schlagzeilen seine Forschungsergebnisse produzieren würden. Die Probanden hatten eines gemeinsam: Alle pendelten in den Londoner Großraum, einen der größten Ballungsräume der Welt. Meistens waren die Männer und Frauen entspannt. Doch in manchen Fällen waren die Ergebnisse so überraschend, dass sich Lewis noch heute gut daran erinnert. »In einigen Situationen haben wir Stressniveaus gemessen, die denen von Fallschirmspringern oder Kampfjetpiloten entsprachen.«

Da waren sie, die Schlagzeilen: Der *Guardian*, Großbritanniens renommierteste Tageszeitung, überschrieb einen Artikel süffisant: »Wollen Sie weniger Stress: Werden Sie Kampfjetpilot und kein Pendler«.

Nun mag sich jeder Autofahrer vorstellen, wie das Gefühl ist, bei Tempo 180 auf einen stehenden LKW aufzufahren. Doch um diese Extreme ging es Lewis gar nicht. Das eigentlich Erstaunliche ist vor allem, dass gar nicht so viel passieren muss, damit die Anspannung unterwegs derartige Spitzen erreicht. Lewis hat drei Faktoren beobachtet: Die Person muss grundsätzlich anfällig sein für Stress. Der Dalai-Lama käme vermutlich deutlich besser durchs Pendlerleben als das HB-Männchen Nicolas Sarkozy. Läuft alles glatt, kommen in aller Regel beide entspannt ans Ziel. Doch schon leichte Zugverspätungen sorgen für extreme Pulsausschläge, sagt Lewis: »Wenn die Zugbegleiter dann nicht umgehend über die Dauer der Verspätung informieren, steigt der Druck erheblich.« Zeitnot ist der zweite Grund für Stressspitzen am Morgen und Abend und am Ende ausschlaggebend dafür, ob aus dem Pendler ein gefühlter Kampfjetpilot wird. »Zeitdruck oder eine Deadline, die wegen einer Verspätung zu reißen droht, sind Gift für die Ausgeglichenheit von Pendlern«, sagt Lewis. Die Folge: Frust, Wut und innere Unruhe. Erschwerend hinzu komme laut Lewis die Tatsache, dass ein Pendler – anders als ein Fußballer nach einem missglückten Elfmeter – keine Möglichkeit hat, den Stress abzubauen. Das ist der dritte Faktor, mit dem Millionen Menschen umzugehen lernen müssen und einer der vielen Gründe, warum sich ein Hobby lohnt, bei dem geplagte Vielfahrer Dampf ablassen können. Sie suchen sich am besten eines, das zugleich den Bewegungsmangel ausgleicht – und damit Rückenbeschwerden und anderen Schattenseiten des Großraumwagen- oder Golf-Sportsitzbenutzers ausgleicht.

Über Bewegungsmangel kann ich nicht klagen. Zumindest nicht an jenem Sommertag, an dem ich von Hannover in die Hamburger *ZEIT*-Redaktion fahren will. Meine Frau verabschiedet mich mit den Worten: »Denk an meinen Elternabend.« Sie ist Lehrerin, um 19 Uhr beginnt ihre Versammlung. Für unsere damals einjährige Tochter bin ich abends zuständig. Mein Termin in Hamburg endet um 15 Uhr. Um 15:24 will ich den Zug nehmen. Alles läuft nach Plan. Doch dann laufe ich dem neuen Kollegen in die Arme, wir gehen einen Kaffee trinken. Den Zug um 16 Uhr verpasse ich um drei Minuten. Der nächste fährt um 16:53 Uhr. Mein Puls ist ruhig. Das ändert sich schlagartig, als der ICE, in dem ich schließlich gegen 17 Uhr sitze, einen 20-minütigen Umweg Richtung Bremen einschlägt und wir um 18:35 noch immer nicht in Hannover sind. Ich spiele hektisch mit meinem Telefon, versuche zu lesen, kann mich nicht konzentrieren, will raus, raus, raus. Aber die Tür ist zu und der Zug längst nicht auf Gleis 4 eingefahren. Um 18:38 Uhr renne ich wie ein Wahnsinniger durch Hannovers Bahnhof in die S-Bahn, steige nach zwei Stationen aus und hetze weiter ins Lehrerzimmer der Schule meiner

Frau. Und all der Stress nicht, weil die Deutsche Bahn einen Umweg fährt, sondern weil ich mich verquatscht habe. Oft sind es banale Kleinigkeiten, die sich Pendler verkneifen müssen. Stattdessen hat jeder dauernd die Uhr im Nacken, denn tausende Pendler setzen sich Tag für Tag in Deutschland unter Druck.

Aus sonst ausgeglichenen Autofahrern werden dann aggressive Drängler. In solchen Momenten würde mancher gern mit Michael Douglas tauschen. Der stand im Film »Falling Down« verschwitzt im morgendlichen Stau und stieg irgendwann einfach aus dem Auto aus und ließ die hupenden anderen frustrierten Fahrer hinter sich. Selbst im echten Leben und an Bahnsteigen regiert der gefühlte Wahnsinn. Da hetzen Frauen im schwarzen Hosenanzug mit Laptop in der Hand Richtung Zug, im Flughafen überrennen grauhaarige Herren im Zweireiher jeden, der sich ihnen Richtung Security in den Weg stellt, und Fahrradfahrer ignorieren auf dem Weg ins Büro jede Regel der Straßenverkehrsordnung.

Wen sollte es wundern, dass Bluthochdruck, Herzinfarkt oder Rückenschmerzen die traurigen Begleiter vieler Pendler sind? Die meisten aber würden das gar nicht zugeben oder auf andere Gründe schieben.

So hat es auch Christine Meyer* lange gemacht. An einem kalten Januartag 2013 steht Meyer in einem norddeutschen Luxushotel auf dem Podium und wird von ihrem Chef ausgezeichnet. Meyer arbeitet im Finanzvertrieb. Sie ist erfolgreich, engagiert, einflussreich. Doch noch auf der Bühne klagt sie über Herz-Rhythmus-Störungen. Einige Arzttermine und fünf Besuche in der Notaufnahme später, steht die Ursache fest: chronischer Stress. Was viele Kollegen, die an jenem Abend zu ihr hinaufblicken, gar nicht wissen: Seit neun Jahren pendelt Meyer zwischen Bielefeld und Hannover. Von dort hält sie Kontakt zu einem Vertriebsnetz aus über 30 Finanzvermittlern. Bis zu 450 Kilometer fährt sie dafür am Tag.

---

* *Name auf Wunsch der Gesprächspartner vom Autoren geändert*

»Wenn die Kollegen abends mit dem Rad in zehn Minuten nach Hause fuhren, saß ich bis zu zweieinhalb Stunden im Auto.«

Ihr Alltag sah lange Zeit so aus: Wenn sie einmal die Woche mit dem Zug fuhr, bearbeitete sie auf der Fahrt im ICE und Regionalexpress E-Mails oder telefonierte. Im Auto arbeitete sie auch – per Telefon gab sie ihren Mitarbeitern Tipps für künftige Verkaufsgespräche oder organisierte eigene Termine. Tagsüber besuchte sie eine Handvoll Vermittler und fuhr Tag für Tag hunderte Kilometer durch ihr Vertriebsnetz. Wenn die 38-Jährige das Büro um 17 Uhr verließ, war sie meist so spät zu Hause, dass sie entweder zu müde war für Sport oder das Fitnessstudio schon geschlossen hatte.

Diese Pendlerfalle, der fehlende Ausgleich durch Sport und Bewegung, wird ganz nebenbei von Meyer erwähnt. Dabei ist es vielleicht die tückischste. Ich selbst war darin schon gefangen und es dauerte bis zur heftigsten Kopfschmerzattacke meines Lebens, ehe ich wieder raus war. Was war passiert: Ein Jahr Pendeln zwischen Brüssel und Hannover, sonntags hin, freitags spät zurück. An einem Freitag aber blieb ich in Belgien. Auf dem Nachhauseweg am Abend begannen Kopfschmerzen, die binnen Minuten so heftig wurden, dass ich vom Rad direkt in die Notaufnahme stolperte. Das war der erste Migräneanfall meines Lebens. Zurück in Deutschland fragte mich ein Osteopath nach meinen Sportgewohnheiten. Die waren schnell beschrieben. Es gab sie praktisch nicht mehr. Sie waren das erste Opfer meines Pendellebens. Er riet mir, irgendwas zu machen. »Hauptsache, Sie bewegen sich.« Ich ging laufen, weil das so ziemlich der einzige Sport ist, der überall betrieben werden kann, und plötzlich verschwanden nicht nur die Kopfschmerzen, sondern auch die Rückenbeschwerden. Meine wichtigste Erkenntnis in dieser Phase war, dass Ausreden nicht zählen. Jeder kann sich die Zeit nehmen für Bewegung, man muss nur wollen.

Die Antriebslosigkeit, die viele Pendler in der Freizeit befällt, kann auch der Ernährung geschuldet sein. Kehren wir zurück zum Vertriebsprofi Christine Meyer. Deren Essensgewohnheiten waren vor allem darauf ausgelegt, keine Zeit zu vertilgen. Burger King, Subway und Nordsee haben Meyer ernährt. Wenn es ganz schnell gehen musste, ging es zur nächsten Tankstelle. Da stand Meyer dann vor der Wahl: Bockwurst oder Bifi. Sie ist dabei erstaunlich schlank geblieben und hat all die Belastungen neun Jahre klaglos hingenommen. »Ich kannte das ja nicht anders.«

Vielen Kurzpendlern geht das tagsüber so und sie kochen dann abends mit dem Partner oder schlemmen mit Freunden. Meyer nicht. Von Jahr zu Jahr verkümmerte ihr soziales Netz mehr. Lust auf Gespräche mit Freundinnen hatte sie keine. »Ich habe doch den ganzen Tag geredet und telefoniert.«

Krank wurde sie am Ende, weil ihr der Terminkalender stets im Nacken saß. »Das Schlimmste war der dauernde Druck, pünktlich am Ziel zu sein«, erzählt Meyer. Sie sagt das nicht in ihrem Büro, sondern in einem Krankenhaus in Bad Bramstedt. Die Schön-Klinik hat sich auf psychosomatische Krankheiten spezialisiert. Dort hat sich Meyer im Sommer nach Ausbruch ihrer Herzprobleme sechs Wochen behandeln lassen. An ihrem letzten Tag in der Klinik sagt Meyer einen Satz, den man selten hört von einem Vielfahrer: »Das Pendeln hat mich krank gemacht.«

Friederike Schulte* arbeitete jahrelang als Pflegerin in einer Psychiatrie. Am Ende wurde auch sie selber krank. Nach fünf Jahren in der Stationsleitung spürte Schulte, dass ihr der weitere Aufstieg im Krankenhaus trotz fachlicher Voraussetzungen versperrt sein würde. Sie ließ sich versetzen. Ins rund 40 Kilometer entfernte Klinikum nach Lengerich. Eine vergleichsweise kurze Pendelstrecke, für die Schulte wenig mehr als 50 Minuten braucht. Und doch hat das frühere Aufstehen das Leben von Schulte aus dem Rhythmus gebracht. »Wenn ich abends um halb sechs nicht sofort in den Garten gehe, schlafe ich ein«, sagt die 50-Jährige. Morgens quäle sie sich aus dem Bett, dauernd sei sie fünf Minuten zu spät. »Als gäbe es einen inneren Widerstand.« Tatsächlich wird Schulte zu jenen Menschen zählen, die Mediziner als Eulen bezeichnen. Diese Abendtypen kämpfen durch das frühe Aufstehen beständig gegen ihren Schlafrhythmus an. Menschen wie Friederike Schulte unterschätzen die Begleiterscheinungen anfangs völlig. So lange, bis sie in Teamsitzungen mittags aufpassen musste, »nicht vom Stuhl zu fallen. Die ganze Lebensenergie war wie weggeblasen.« Mittlerweile hat sie die Arbeit auf vier Stunden reduziert. »Eigentlich ein Klacks«, sagt sie. Und dennoch bleibt nach einem Arbeitstag und den insgesamt zwei Stunden Fahrt abends die Erschöpfung.

Colin Smith begann im Sommer 2008 gerade mit der Arbeit im Kundendienst eines Autozulieferers in München, als sich sein Bein taub anfühlte, »als hätte ich mir einen Nerv eingeklemmt«. Wenig später hatte Smith Probleme, scharf zu sehen. Zurück im Büro konnte er die Computermaus kaum bedienen und am Nachmittag kamen Sprachprobleme hinzu. Als der Arzt diese Symptome hörte, bestellte er gleich den Krankenwagen. Der damals 49-jährige Smith hatte einen Schlaganfall.

Wie konnte es so weit kommen? Smith erklärt die Krankheit mit einem Arbeitsplatzwechsel. Der gebürtige Brite arbeitete zunächst für die Army in Deutschland, dann zog er mit seiner Frau ins beschauliche Belm bei Osnabrück. Dort arbeitete er im Kundendienst eines Zulieferers für Autowerkstätten. Überraschend wurde Smith nach 19 Jahren gekündigt. Dann ging die Suche los: Stellenanzeigen, Gespräche im Arbeitsamt, doch kein Job sagte dem Engländer zu. Dann aber die große Chance. Smith konnte bei einem Bremsenspezialisten anfangen, allerdings in München und mit Kundendienstverantwortung für ganz Westeuropa.

Fortan verbrachte Smith die Sonntagabende nicht mehr vor dem Fernseher, sondern im Großraumwagen der Deutschen Bahn. Über sechs Stunden dauert die Fahrt nach München. Wenn Smith am späten Freitagnachmittag wieder in den Zug stieg, war er erst Samstag früh gegen 2 Uhr zu Hause.

Aber wehe der Zug hatte Verspätung! »Ich spürte ständig einen wahnsinnigen Druck, auch weil meine Frau mir oft vorhielt, dass wir zu wenig Zeit miteinander verbringen.« Jede Minute am Wochenende war kostbar, ein verpasster Zug garantierte den nächsten Streit. »Eine furchtbare Zeit«, so Smith, der sich wiederum nicht an die Abmachung hielt, nach sechs Monaten offen mit seiner Frau zu diskutieren, ob das Pendeln zum Dauerzustand werden soll. »Die Arbeit machte mir ja Spaß«, sagt Smith entschuldigend. Erst als der Körper streikte, spürte Smith, wie gefährlich sein Leben geworden war, zumal er den Stress mit zwei Schachteln Zigaretten täglich wegrauchte.

Drei Biografien, drei ganz unterschiedliche Menschen und Lebensmodelle und doch haben alle etwas gemeinsam: Der Weg zur Arbeit ist vergleichsweise lang.

Ein Team um den renommierten Wissenschaftler Norbert Schneider hat sich das Gesundheitsprofil von tausenden Pendlern in Europa näher angesehen. Das Ergebnis: Tägliche Fernpendler und Wochenendpendler haben verglichen mit Arbeitnehmern, die nur wenige Minuten zur Arbeit brauchen, deutlich höhere Stressrisiken. »Das Risiko einer schlechten allgemeinen Gesundheit und von depressiven Verstimmungen ist bei Fernpendlern ungefähr doppelt so hoch wie bei Nichtmobilen«, heißt es im Fehlzeitenreport 2012. Wochenendpendler wiederum leiden häufiger unter körperlichen Beschwerden und Angstzuständen. Die Erklärung dafür ist offensichtlich: Da Pendeln Zeit kostet, bleiben weniger Möglichkeiten für den Ausgleich zum Beruf: Tennisverein, Lauftreff oder das Fußballtraining bleiben auf der Strecke. Routinekontrollen beim Zahnarzt werden Woche für Woche aufgeschoben, der Hausarzt nur besucht, wenn die Erkältung längst so schlimm geworden ist, dass eine chronische Bronchitis droht. Am Ende jedoch sitzen die Pendler häufiger im Wartezimmer, als ihnen lieb ist.

Wer länger als 45 Minuten für den Weg zur Arbeit braucht, den macht das Pendeln eher krank als einen Pendler, der

20 Minuten aufs Rad steigt. Zu den häufigsten Beschwerden zählen aber nicht nur Infektionen und psychische Belastungen, sondern auch Nacken- und Schulterschmerzen, Rückenschmerzen und ein übermäßiges Schlafbedürfnis.

Der Mediziner Gernot Langs beschäftigt sich seit Jahren mit den Folgen des Pendelns. Notgedrungen. Langs ist Chefarzt in der Schön-Klinik Bad Bramstedt, der größten psychosomatischen Klinik Deutschlands. Der Klinik, die auch Christine Meyer behandelte. »Die meisten unserer Patienten leiden an einem Burnout-Syndrom oder einer Depression«, sagt Langs. Bei Pendlern erhöhe sich das Risiko mit der Fahrtstrecke. »Pendeln ist oft eine zusätzliche Belastung. Vor allem Frauen, die dann noch Kinder haben und plötzlich im Stau stehen, wird das zu viel.« Langs beobachtet immer wieder, wie Pendler selbst klare Stresssymptome ignorieren, weil sie keine Alternativen zu ihrer Situation in Betracht ziehen. Er fragt dann beispielsweise: »Sie pendeln drei Stunden täglich. Wie ist das für Sie?« Die Antwort seiner Patienten ist dann oft: »Fürchterlich und grausam.« Und dann kommt der Nebensatz. Es gehe ja nicht anders, der Arbeitsplatz sei eben dort und die Kinder gerade erst in der Schule.

Es sind vor allem die beruflich so erfolgreichen und selbstbewussten Berufspendler, die Langs in Bad Bramstedt behandelt. »Die hätten am liebsten eine Rund-um-die-Uhr-Behandlung, damit sie in drei Wochen wieder fit und auf der Autobahn sind.« Dabei dauere es bei den meisten Patienten »zwei Wochen, bis sie überhaupt hier angekommen sind«. Die Pendler werden zwangsentschleunigt. Und alles wird plötzlich infrage gestellt.

Für die Patientin Christine Meyer kam das einem Schock gleich. »Ich habe die Probleme früher ja nie thematisiert und die Warnsignale ignoriert.« Dann aber wuchs in zahllosen Gesprächen mit Therapeuten und anderen Patienten rasch die Erkenntnis, ihr Leben doch zu ändern. Und zum ersten Mal in ihrer Berufslaufbahn ließ Meyer das Undenkbare zu: Sie werde mit ihrem Arbeitgeber sprechen, sagt Meyer in der Klinik. Ihre Stimme klingt entschlossen. »Wenn mein Chef einer Versetzung nicht zustimmt, werde ich mir dort einen Job suchen, wo ich lebe«, sagt Meyer. »Dann bin ich eben nicht mehr Führungskraft.«

Viele Pendler denken zwar ähnlich, aber bis sie tatsächlich so weit gehen, den ganz großen Schnitt zu wagen und glaubhaft mit einer Kündigung zu drohen, können Jahre vergehen. Die meisten Arbeitnehmer müssen wie der Engländer Smith mit einem persönlichen Schockerlebnis wachgerüttelt werden.

Der Mediziner Gernot Langs beobachtet immer wieder, mit welch großen Sorgen die Menschen zu ihm kommen. »Die meisten haben Angst um den Arbeitsplatz. In vielen Fällen stimmt das ja auch. Man kann sich schon an den Kopf fassen, was wir hier für Einblicke in die Arbeitswelt bekommen. Da werden Unternehmensabteilungen von Hamburg nach Köln verlegt und die Mitarbeiter können entweder mitgehen oder werden entlassen. Andere pendeln lieber, als das Risiko einzugehen, künftig weniger Gehalt zu bekommen.« Allerdings funktioniert das nur so lange, wie der Rest des Lebens im Gleichgewicht ist. Genau das ist das Problem: Wer kann von sich behaupten, das Leben läuft jahrelang wie am Schnürchen? Irgendwas ist immer. Mal werden die Eltern schwer krank, dann gilt es, einen Kita-Platz für die Kinder zu organisieren, ein Wasserschaden legt die Wohnung lahm oder der Chef setzt einen mit einem neuen Projekt so unter Druck, dass jede freie Minute im Büro und nicht im Auto verbracht werden sollte. Das übrigens verbringt auch mal ein paar Tage in der Werkstatt, wenn viele Kilometer gefahren werden. Und wie kommt man dann ins Büro?

Der Arbeitspsychologe Michael Kastner vergleicht das Leben mit einer Wippe, die möglichst im Gleichgewicht bleiben soll. Auf der einen Seite sitzen die Krankmacher: Unsicherheit, Unvorhersehbarkeit, Instabilität – die typischen Weggefährten des Pendlers. Ihnen stehen die Gesundmacher der Arbeit gegenüber: Wertschätzung, Kontrolle und der Sinn.

»Wenn meine Arbeit für mich keine Erfüllung hat, wenn sie praktisch sinnlos erscheint, fällt es umso schwerer, dann wächst der innere Widerstand zu pendeln und schließlich auch der gefühlte Stress«, sagt Kastner. Die größte Gefahr für Pendler sieht Kastner darin, dass sich die Grenze zwischen Arbeitswelt und Privatleben beständig auflöst. »Gerade Freiberufler neigen dann zur Selbstausbeutung. Sie nehmen Aufträge an, obwohl sie längst überlastet sind.«

Mit Unternehmen und Topmanagern spricht der Arbeitspsychologe viel und hat dabei eine interessante Beobachtung gemacht: Je größer Macht und hierarchische Stellung der Pendler im Unternehmen, desto leichter fällt es zu pendeln. »Topmanager sind den Tücken des Pendelns weniger ausgeliefert. Sie bestimmen schließlich die Agenda und können, wenn ihr Zug Verspätung hat, die meisten Arbeitstreffen einfach verschieben.« Zudem überwiegen aufgrund der starken Stellung im Unternehmen bei Führungskräften oft die Gesundmacher. Führungskräfte genießen hohes Ansehen im Unternehmen, haben großen Einfluss auf die täglichen Entscheidungen und fühlen sich damit darin bestärkt, dass ihre Präsenz unbedingt erforderlich ist.

Airbus-Chef Thomas Enders fliegt oft am Donnerstagabend mit einer Cessna Citation von Toulouse, Amsterdam, Paris oder Berlin nach München, arbeitet freitags möglichst dort am Airbus-Standort und fliegt – wenn es schnell gehen muss – mit dem Hubschrauber nach Hause an den Tegernsee. Ryanair-Chef Michael O'Leary hat sich eine Taxilizenz gekauft, um vom Dubliner Flughafen schnellstmöglich nach Feierabend zu seiner Familie aufs Land zu fahren. Spitzenpolitiker wie die Verteidigungsministerin Ursula von der Leyen legen nach Möglichkeit Termine im eigenen Wahlkreis auf das Wochenende. Diese Menschen macht vielleicht die tägliche Belastung im Job krank, aber sicher nicht das Pendeln. Anders ist das bei den Millionen ganz normal Beschäftigten. Sie unterschätzen die Folgen des Pendelns in aller Regel gewaltig.

Die Pflegerin Friederike Schulte ist so ein Beispiel: »Mir war gar nicht klar, dass ich in der Woche neben der Arbeit nichts mehr schaffe«, sagt sie. Einkaufen, putzen, kochen, Sport, Freunde treffen – all das verschob Schulte zusehends auf das Wochenende. »Am Ende waren Sonnabend und Sonntag genauso durchgetaktet wie der Rest der Woche.« Von Monat zu Monat verlor Schulte mehr die Balance auf der Wippe zwischen Krankmachern und Gesundmachern. So lange, bis es nicht mehr weiterging. Selbst schuld, könnte man meinen. Doch so einfach sollte es sich unsere Gesellschaft nicht mehr machen.

Was klingt wie das Schicksal einzelner Vielfahrer ist für Krankenkassen längst zur großen Herausforderung geworden. Allein die Kosten des Burnouts beziffern Experten auf über sechs Milliarden Euro. Die Fehltage aufgrund psychischer Erkrankungen haben sich seit 2000 verdoppelt. Besonders rasant ist wiederum die Zunahme der Burnout-Erkrankungen. Noch 2004 gab es wegen solcher Erschöpfungssymptome bei 100 Versicherten gerade 0,6 Fehltage im Jahr, 2011 waren es bereits 9 Tage. Längst nicht jeder ist ausgebrannt, weil er pendelt. Aber diese Lebensform ist als eines der zentralen Risiken erkannt worden. Der auf psychosomatische Krankheiten spezialisierte Mediziner Langs erklärt das so: »Die Kombination aus Aufwand einer nicht unwesentlichen zeitlichen Ressource, Termindruck und den nur schwer beeinflussbaren äußeren Faktoren wie zum Beispiel der dichte Berufsverkehr werden auf die Dauer oft als sehr belastend wahrgenommen.«

Viele Versicherungen haben den Gesundheitszustand der Pendler in den vergangenen Jahren intensiv analysiert. Die Techniker Krankenkasse hat ermittelt, wie sich die Krankheitsbilder von Mitgliedern, die in einem anderen Landkreis arbeiten, als sie leben, von jenen unterscheiden, die nur einen kurzen Weg zur Arbeit haben. Das eindeutige Ergebnis: Pendler sind häufiger psychisch krank als ihre Kollegen. Das ist insofern verblüffend, als Pendler mit rund 13 Tagen etwas seltener krankgeschrieben sind als wohnortnah arbeitende Erwerbstätige. Das jedoch führen die Experten vor allem darauf zurück, dass Mobilität schon eine Grundgesundheit voraussetzt. Die Psychologin Hiltraut Paridon führt das auf eine naheliegende Ursache zurück. Kranke pendeln nicht. Dieser Selektionsmechanismus führe dazu, »dass die negativen Konsequenzen eher noch unterschätzt werden«. Wer die Wege dann auch auf sich nimmt, ist mit durchschnittlich 2,2 Fehltagen häufiger und langwieriger von psychischen Diagnosen betroffen als andere Beschäftigte (1,9 Fehltage).

Der frühere Chef der Techniker Krankenkasse, Norbert Klusen, führt das auf die Belastung des Pendelns zurück: »Wenn man zusätzlich zu einem acht- bis zehnstündigen Arbeitstag noch zwei bis drei Stunden pendeln muss, ist eine Balance zwischen Arbeit und Gesundheit schwer möglich.« Klusen denkt an die Tagespendler, aber selbst wer wie Claudia Gehler nur ein-, zweimal die Woche drei Stunden im Zug sitzt, tut seinem Körper damit keinen Gefallen. Die 45-Jährige hat über 15 Jahre in Hannover für die Betriebskrankenkasse des Reifenherstellers Continental gearbeitet, dann fusionierte die Kasse mit anderen der chemischen Industrie. Plötzlich trug Gehler auch Personalverantwortung für Mitarbeiter der Betriebskrankenkasse von BASF in Ludwigshafen und Bayer in Leverkusen.

Zwei Jahre ist das her, Freundinnen haben sie um die regelmäßige Freiheit und Ausflüge Richtung Köln beneidet, doch dann kam ein Bandscheibenvorfall. Noch ehe die wöchentlichen Fahrten nach Köln begannen, plagten Gehler regelmäßig Rückenschmerzen, doch »das stundenlange Sitzen hat alles schlimmer gemacht«. Die Beine schmerzen oft schon nach 50 Minuten in Bielefeld, deshalb käme das Auto für Gehler nie infrage. »Im Zug kann ich zumindest ein wenig herumlaufen.« Tatsächlich kuschelt sich Gehler an einem Freitagabend in ihren gelben Mantel, die Klimaanlage im Wagen 25 brummt, gegen 1 Uhr nachts wird sie zu Hause sein. Eigentlich wollte Gehler in Köln übernachten, doch noch viel lieber möchte sie zu ihrem Sohn. Der Elfjährige muss ein Referat über die Varusschlacht schreiben. Also tut Gehler, was eine Mutter tun muss. Sie fährt nach Hause. Dort geht sie regelmäßig ins Fitnessstudio, unter ihren Stiefeln trägt sie Stützstrümpfe – Vorsorge gegen eine drohende Thrombose. »Manchmal frage ich mich schon: Wie lange geht das noch gut?«, sagt Gehler, während zu Hause ein Einfamilienhaus in Ronnenberg, ein Hund und die Familie warten.

Wenn schon Gehler über die Anstrengungen stöhnt, wie soll es dann den Millionen Tagespendlern gehen, die Deutschland bewegen? Sie leiden – und klagen über erstaunliche Stressspitzen. Auch deshalb sind Pendler schneller müde als ihre Kollegen. Sie schlafen weniger, haben zugleich auch größere Probleme mit dem Einschlafen. All dies führt wiederum dazu, dass sie schneller erschöpft sind. Hinzu kommen die stressbedingten Folgen, die beispielsweise die Arbeitspsychologin Antje Ducki einmal zusammenstellte. So schütten Pendler mehr Stresshormone (Adrenalin und Noradrenalin) aus, vor allem dann, wenn sie dicht gedrängt im Bus oder am Check-in-Schalter stehen und nicht wissen, ob sie ihren Flieger vielleicht noch verpassen. Sie sind häufiger erkältet, klagen öfter über Kopfschmerzen, sind von Verdauungsbeschwerden geplagt und haben öfter Rückenschmerzen. Selbst bei eigentlich entspannten Fahrern ist der Blutdruck oft höher. Zum Beispiel dann, wenn genervte Handwerker mit ihrem Kastenwagen mal wieder unter Termindruck auf der Autobahn oder an der Kreuzung einen Unfall riskieren, um pünktlich zum Termin zu kommen.

Haben es Wochenendpendler leichter? Wohl kaum. Denn sie sind wiederum tagelang von ihrer Familie und der gewohnten, sozialen Umgebung abgeschnitten.

Christian Hochstätter hat all das erlebt. Der frühere Fußballprofi spielte 16 Jahre für Borussia Mönchengladbach und lebte in Neersbroich, keine zehn Kilometer vom Bökelbergstadion entfernt. »Für die Kinder war die kleinstädtische Atmosphäre damals ideal«, sagt Hochstätter. Dann aber folgte der Sport- eine Managerkarriere und die Unruhe ging los. Hochstätter begann als Sportdirektor seines Heimatclubs, doch 2007 wechselte er als Manager nach Hannover. Und der Pendelstress ging los. Um die Rushhour zu umgehen, startete Hochstätter Montagmorgens schon um 4 Uhr. 320 Kilometer eine Strecke. »Bisweilen war das ganz schön gefährlich, weil ich müder war, als ich mir eingestehen wollte«, sagt Hochstätter. Gegen 7 Uhr war er dann in seiner Wohnung in Hannover. Er duschte, trank einen Kaffee und ging zur Arbeit. Samstags nach dem Spiel ging es dann in die andere Richtung. »Für anderthalb Tage Pause bin ich durch halb Deutschland gefahren«, sagt Hochstätter. Die Wochenenden fühlten sich dann fast immer zu kurz für die Familie an. Post blieb liegen, soziale Kontakte schliefen ein und dann ging es wieder auf die Autobahn. Hat ihn der Stress nach nur zwei Jahren zum Aufhören bei 96 gezwungen? »Das nicht«, sagt Hochstätter, aber »das Pendeln geht sicher nicht spurlos an einem vorbei«.

Für Hochstätter ist es genauso unmöglich wie für Wissenschaftler, die Folgen des Pendelns direkt auf die Gesundheit zu übertragen. Doch einige kluge Ansätze beschreiben exemplarisch, was mit Menschen passiert, die plötzlich zum Pendler werden. Der Regierungsumzug Ende der 90er Jahre war so ein Beispiel. 1999 zogen tausende Mitarbeiter der Ministerien von Bonn nach Berlin. Die Psychologen Antje Ducki und Wolfgang Maier verglichen daraufhin den Gesundheitszustand von Mitarbeitern verschiedener Bundesministerien und -behörden. Da nicht alle Mitarbeiter nach Berlin wechselten, konnten Pendler und Nichtpendler sehr gut verglichen werden. Die Forscher fragten die Betroffenen zweimal nach ihrem Wohlbefinden: das erste Mal, ehe sie mit dem Pendeln begannen, und dann noch einmal sechs Monate später. Das Ergebnis: Es zeigte sich eine deutliche Zunahme von Angst und von körperlichen Beschwerden. Mit jedem zusätzlichen Monat Pendeln litten die familiären Beziehungen mehr. Der Grund dafür konnte ebenfalls aus umfangreichen Fragebögen herausgefiltert werden. Demnach führte eine pendelbedingte schlechtere Kommunikation am Arbeitsplatz, eine schlechte Arbeitsorganisation und viele Arbeitsunterbrechungen zu mehr Stress, gleichzeitig litt die Beziehung zu Hause. Mit ähnlich negativen Folgen für die Gesundheit der Pendler. Die ausgebrannte Finanzberaterin Christine Meyer konnte all das nicht wissen. Aber sie hätte doch viel früher die Notbremse ziehen können.

Warum gefährden Millionen Pendler ihre Gesundheit, anstatt das Pendeln einfach sein zu lassen? Meyer gibt darauf eine ganz einfache Antwort: »Ich mache das seit 12 Jahren. Es ist eine Gewohnheit geworden. Irgendwann habe ich dieses Leben gar nicht mehr infrage gestellt. Ich kannte es ja nicht anders.« Meyer hat sich schließlich ganz bewusst für das tägliche Pendeln entschieden. Ein Umzug von Bielefeld nach Hannover kam nie in Betracht. »Ich wollte immer zu Hause ins Bett gehen. Ein Leben aus dem Koffer ist nichts für mich.« Da ihr Mann in Bielefeld arbeitet, musste einer von beiden pendeln. Nach der Kur in Bad Bramstedt sprach sie tatsächlich mit ihrem Arbeitgeber. Hat sie wirklich gekündigt oder hat sich der Chef auf einen Arbeitsplatzwechsel eingelassen? Nichts von beidem ist passiert, sondern der klassische Pendlerkompromiss kam am Ende heraus. Meyer arbeitet nun zwei Tage die Woche von zu Hause, dienstags, mittwochs und donnerstags rast sie weiter durch die Republik. »Bisher kann ich damit sehr gut leben«, sagt sie. Von einem Jobwechsel möchte sie nichts mehr hören. Wer kann es ihr verdenken? Sie hat Ansehen, Erfolg, vor allem aber fühlt sie sich wohl im Kreis der Kollegen. Denn Meyer hat es wirklich probiert. Sie hat probeweise in Bielefeld, ganz nah am Zuhause, in einer anderen Firmenfiliale angefangen. Aber: »Mit den neuen Kollegen wurde ich überhaupt nicht warm, da fahre ich lieber.« Bisher ist sie gesund geblieben.

Das ist die entscheidende Frage: Wie viel Pendeln ist erträglich, was macht der Körper mit und wenn ich schon pendeln muss: Wie bleibe ich gesund? Der Mediziner Gernot Langs müsste darauf eigentlich eine Antwort wissen. Er ist nicht nur einer der Chefärzte der psychosomatischen Abteilung in Bad Bramstedt, sondern er pendelt selbst – und lebt im 50 Kilometer entfernten Hamburg. »Es hilft nichts, sich aufzuregen über den Stau, denn man ist ja selbst Teil des Staus. Das ist so, als wenn ich mich über die vielen Touristen in Venedig ärgere«, sagt er. Stattdessen sollten Pendler nicht auf die Idee kommen, die Pendelzeit zur Arbeitszeit zu machen. »Hören Sie Musik oder ein Hörbuch, auch im Auto«, rät Langs. Dieser simple Ratschlag sorgt dafür, dass Pendler die Fahrtzeit eher zur Entspannung nutzen als die ausgebrannte Finanzberaterin Christine Meyer, die noch auf der A2 Mitarbeiter geschult hat oder deren Laptop-Probleme bei Tempo 160 per Ferndiagnose lösen wollte.

Pendeln ist stets eine Belastung für den Körper, aber es ist auffallend, welche Menschen eher damit zurechtkommen. Ganz oft sind das jene, die morgens in der Bahn ein Buch oder im Bus die Zeitung lesen – und auf dem Rückweg einfach mal die Augen zumachen. So wie Joana Brückner. Die 35-jährige Lehrerin lebt in Köln und arbeitet an einer Gesamtschule in Bergisch-Gladbach. »Für mich ist das Pendeln entspannend«, sagt sie. Fast zwei Stunden täglich ist sie in Bus und Bahn unterwegs. Aber nie käme sie auf die Idee, während der Fahrt zu arbeiten. »Wenn ich den Rhein überfahre, kann ich den Stress der Arbeit hinter mir lassen«, sagt sie.

Es ist kein Zufall, dass Brückner über ihren Rückweg spricht. Dann kommt es auf zehn, 20 Minuten nicht an. Anders ist es auf dem Weg zur Schule. Wenn dann ein Bus Verspätung hat, wird auch Brückner unruhig: »Völlig frei kann sich niemand von Terminen machen.«

Selbst Colin Smith hat am Ende ein gesünderes Lebensmodell gefunden. Er raucht nicht nur deutlich weniger, sondern pendelt entspannter. »Ich habe mich mit meinem Chef darauf verständigt, erst montags früh loszufahren.« Freitags sitzt er schon mittags im Zug Richtung Norddeutschland. Smith hat nun wieder ein echtes Wochenende. Und selbst wenn es einmal knapp wird, bleibt Smith nun entspannt.

»Der Schlaganfall hat mich Gelassenheit gelehrt«, sagt Smith und tut damit intuitiv genau das Richtige.

Denn Pendler bleiben dann gesund, wenn sie flexibel sind. Darauf weist der Fehlzeitenreport 2012 ausdrücklich hin: »Allgemein scheinen flexible Arbeitszeiten wesentlich, um mögliche Fehlbelastungen zu reduzieren.« Und weiter: »Pendler werden entlastet, wenn sie nicht befürchten müssen, aufgrund eines Staus zu spät zu kommen ... In den Bereich der flexiblen Arbeitszeit fällt auch die Möglichkeit zur Heimarbeit, die ein Betrieb prüfen und diskutieren sollte.« Das lohnt sich nicht nur für die Pendler, sondern auch für die Unternehmen. Schließlich sagen Arbeitnehmer mit vielen Dienstreisen, dass ihre Leistungsfähigkeit am Arbeitsplatz eher sinkt als die der Mitarbeiter, die ihr Büro nur zum Feierabend verlassen.

Mit einfachen Maßnahmen können Chefs das Leben ihrer Mitarbeiter deutlich erleichtern. Antje Ducki rät Unternehmen nicht nur zur Gleitzeit, die es Mitarbeitern auch ermöglichen können, freie Tage aufzusparen, sondern auch dazu Sitzungen und Besprechungen auf den späten Vormittag zu verlegen. So könne Tagespendlern, die spät dran sind, unnötiger Stress erspart bleiben.

Es sind aber nicht nur die Arbeitgeber und die Pendler selbst, die etwas tun sollten. Verlässliche Pünktlichkeitsanzeiger an Bahngleisen könnten einen erheblichen Beitrag dazu leisten, dass die Stresslevel von Millionen Menschen deutlich sinken. Gary Evans und weitere US-Wissenschaftler kommen in ihrer Studie über die morgendliche Rushhour zu diesem naheliegenden Schluss. Vielleicht ist eine Erklärung für den Widerwillen von Autopendlern, auf Massenverkehrsmittel umzusteigen, die trügerische Sicherheit, den Autoverkehr verlässlicher zu finden als die Fahrt mit öffentlichen Verkehrsmitteln.

Wochenendpendler hingegen leiden vor allem unter der Trennung von Familie und Freunden. Ihre größte Herausforderung besteht am Wochenende darin, die gemeinsame Zeit nicht mit Hoffnungen und Wünschen zu überfrachten. Die Woche war meist anstrengend genug. Ein klassischer Fall ist Jonathan Fischer*. Er arbeitet als Lobbyist für Entwicklungshilfe und pendelt mit Zug und Flugzeug zwischen Brüssel und Berlin. Jahrelang tat er das von Montag bis Freitag. Das perfekte Wochenende sah eigentlich so aus: »Ein, zwei Freunde besuchen, spazieren und endlich mal ausschlafen.« Tatsächlich gab es am Ende weiteren Stress. Mal galt es, Briefe noch zur Post zu bringen, mal Anzüge aus der Reinigung zu holen oder einzukaufen, ehe am Sonntag der Koffer wieder gepackt wurde.

Fischer hat schon in Indien, Nigeria, Ecuador und Mexiko gearbeitet. Und er sagt: »Pendeln ist anstrengender als das Leben dort.« Zwischenzeitlich fühlte sich Fischer durch die zerstückelten Wochen und die Dauertrennung von seiner Lebensgefährtin regelrecht entwurzelt. Nirgendwo ist er so richtig zu Hause gewesen. Das änderte sich erst mit der Geburt seiner Tochter Frida* vor drei Jahren. Fischer redete mit seinem Vorgesetzten, der sich darauf einließ, dass Fischer montags bis donnerstags in Brüssel und freitags in der Berliner Zentrale arbeitet. Seitdem sitzt Fischer jeden Montagmorgen um 4:45 Uhr in der S-Bahn zum Flughafen Schönefeld. Donnerstags um 19 Uhr geht es zurück. Im Spätsommer hat er alle Flüge bis Weihnachten durchgebucht. 100 Euro hin und zurück. Er sitzt immer auf Platz 3A im Flieger. Das Gepäck ist kleiner als in der Bahn, »nur Handgepäck, macht das Reisen schneller«, sagt Fischer. Schon der eine Tag weniger von zu Hause weg führt dazu, dass sich Fischer viel flexibler und damit entspannter fühlt. Er kann freitags früh zum Arzt und muss sich dafür keinen Urlaub nehmen. Er kann kleine Besorgungen erledigen, die sonst zwangsläufig am Sonnabend abzuhaken waren, das Wochenende gehört der Familie. »Mir geht es damit deutlich besser als vor drei oder vier Jahren«, sagt Fischer.

Von überragender Bedeutung für die Auswirkungen des Pendelns ist zudem die Frage, wie freiwillig die Menschen unterwegs sind. Die Lehrerin Joana Brückner könnte sich eine andere Schule suchen oder Richtung Bergisch-Gladbach ziehen. Sie pendelt freiwillig. Deswegen geht es ihr vergleichsweise gut.

Oder der Fußballmanager Christian Hochstätter. Heute ist er Manager des VfL Bochum. Und pendelt gern. Die Kinder sind aus dem Haus und Hochstätter fährt täglich 180 Kilometer zwischen seinem Haus in Mönchengladbach und Bochum. Wie früher auf seinem Weg nach Hannover, fährt er auch nach Bochum stets vor dem Berufsverkehr los. Um 5:45 Uhr steigt Hochstätter in seinen Wagen, hört Radio und denkt nach. »Mir kommen auf der Hinfahrt die besten Ideen«, sagt der Manager. Später im Büro ist er der Erste und zwei Stunden lang schweigt das Telefon. »Da kann ich Dinge erledigen, die tags zuvor liegen geblieben sind, E-Mails schreiben und kreativ denken.« Abends nutzt er die Fahrtzeit für Telefonate, das Pendeln, so scheint es, stört ihn kaum, weil Hochstätter von niemandem dazu gedrängt wird und zur Not auch noch eine Wohnung in Bochum hat.

Alle die, die eine Dusche am Arbeitsort haben, sollten überlegen, ob sie es nicht wie Axel Brockmann machen. Der frühere Polizeipräsident von Hannover steigt morgens um 7 Uhr aufs Rennrad und fährt 23 Kilometer von seinem Wohnort Wunstorf zum Innenministerium nach Hannover.

In Kopenhagen würde dieser Mann kaum auffallen. Dort fahren mehr als die Hälfte der Pendler mit dem Fahrrad zur Arbeit. Nach Angaben der Stadt fehlen diese Pendler seltener im Büro, weil sie seltener krank sind. Die staatliche Krankenversicherung spart so fast 270 Millionen Euro im Jahr.

Martin Halle ist ärztlicher Direktor des Zentrums für Prävention und Sportmedizin der Technischen Universität München. Er bezeichnet Radfahren als das ideale Herz-Kreislauf-Training. Drei- bis viermal wöchentlich 30 Minuten Rad fahren verlängere das Leben eines gesunden Menschen um bis zu zehn Jahre. »Regelmäßiges Radfahren senkt den Blutdruck und verringert das Herzinfarktrisiko«, sagt er. Zudem helfe es gegen schlechte Cholesterinwerte. All diese Gesundheitsrisiken sind typische Wegbegleiter von Pendlern, wie die Finanzberaterin Meyer lange eine war.

An manchen Tagen fuhr sie 400 Kilometer im Auto, ein Fahrrad sah sie höchstens am Wochenende. Sie empfand das Pendeln zunehmend als Zwang. Der Bevölkerungswissenschaftler Heiko Rüger hat sich dieses Phänomen einmal näher angeschaut. Das erstaunliche Ergebnis: »Sind die Erwerbstätigen freiwillig mobil, unterscheiden sie sich in ihrem Belastungsprofil hinsichtlich Gesundheit, Stresserleben und emotionaler Befindlichkeit nicht oder nur unwesentlich von nichtmobilen Erwerbstätigen.« Aber sobald Pendler ihre Mobilität als ein »notwendiges Übel« bezeichnen, steigen die Belastungsrisiken deutlich an. »Die insgesamt höchsten Belastungen ergeben sich allerdings für Erwerbstätige, die ihre Mobilität als Zwang erleben.« Die Werte für starkes Stressempfinden, schlechte Gesundheit und depressive Verstimmungen sind dann doppelt so hoch wie bei jenen, die Pendeln als Chance verstehen.

Wen also macht Pendeln krank? In erster Linie all jene, die an allzu starre Bürozeiten und Termine gebunden und damit unflexibel sind. Diese Pendler sollten noch mehr Zeit investieren und – wenn irgend möglich – noch etwas früher losfahren, um insgesamt entspannter ans Ziel zu kommen. Diejenigen, die schon ein 15-minütiger Stau oder eine verpasste S-Bahn aus der Bahn wirft, werden das Pendlerleben dauerhaft nur selten beschwerdefrei überstehen. Sport als Ausgleich ist der beste Gesundmacher – es müssen ja nicht gleich 23 Kilometer mit dem Rad ins Innenministerium sein.

Kapitel 4

Die Kosten des Pendelns

Auf die Frage, was ihn das Pendeln kostet, antwortet Walter Symann zunächst nicht, sondern zeigt auf seine Ohren. Hat er nicht richtig verstanden? Dann aber sagt er: »199 Euro.« Symann sitzt wie jeden Tag im ICE, der ihn am Nachmittag von Frankfurt ins 100 Kilometer nordwestlich gelegene Montabaur bringt. Alle Nebengeräusche hört der zurückhaltende Mittfünfziger nur gedämpft. Seine speziell angefertigten Ohrstöpsel dämmen die euphorisierten Gespräche von am Flughafen zugestiegenen Urlaubern. Den Luxus-Gehörschutz für knapp 200 Euro hat sich der Vielfahrer gegönnt, um besser abzuschalten. Er schläft viel im Zug.

In seinem Rucksack hat er stets ein aufblasbares Kissen dabei. Das pustet er auf, sobald der ICE den Bahnsteig verlässt. Um den Hals hat er sich das Monatsticket der Bahn gehängt. So muss ihn der Zugbegleiter nicht wecken, wenn die Fahrscheine kontrolliert werden. Das Ticket gilt von Montabaur bis zu seinem Arbeitsplatz in Eschborn. Tatsächlich kosten ihn die Fahrten im Monat 299 Euro, die Ohrstöpsel bringen ihn schließlich nicht nach Frankfurt. Doch Symann bezeichnet das Pendeln als Spardose. »Das ist wie eine Investition in meine Rente«, sagt der Bankangestellte. Es ist nicht leicht, mit Symann ins Gespräch zu kommen, denn normalerweise schläft er ein, sobald er einen Sitzplatz gefunden hat. Dabei ist dieser Mann wie ein stiller Kronzeuge von millionenfachen Pendlerkalkülen.

In Symanns Fall geht die Rechnung so: Er könne sich beim besten Willen keine Wohnung in Frankfurt leisten. In Montabaur hat er sich deshalb eine Eigentumswohnung gekauft. In dieser Region ist er aufgewachsen, dort fühlt er sich wohl. Und er lebt dort viel günstiger als in der Großstadt. Die Zahlen geben ihm recht: Der Kaufpreis für eine 60-Quadratmeter-Wohnung in Montabaur liegt derzeit bei durchschnittlich 119000 Euro, in Frankfurt kostet eine Wohnung vergleichbarer Größe durchschnittlich 212000 Euro.

Zugleich wird Symanns Reisefreude staatlich gefördert. 4500 Euro kann Symann – dank Pendlerpauschale – als Werbungskosten geltend machen. 900 Euro mehr, als ihn die Zugtickets im Jahr kosten. Er spart damit grob vereinfacht etwa 1500 Euro Steuern im Jahr. »Zum Pendeln gibt es für mich keine Alternative«, sagt er. Würde Symann nicht unendlich viel Zeit sparen, wenn er Richtung Eschborn zöge? Auch darauf hat der Mann natürlich eine Antwort: Der 50-Jährige arbeitet für eine Bank, die dafür bekannt ist, Standorte recht willkürlich innerhalb des Großraums Frankfurt zu verlegen. »Da ist man dann auch schnell 40 Minuten unterwegs«, sagt Symann.

350000 Menschen aus dem Rhein-Main-Gebiet spülen die S-, U- und Autobahnen Tag für Tag in das Herz der Stadt und halten den Wirtschaftsraum damit am Leben. Allein aus dem Landkreis Offenbach pendelt jeder vierte Beschäftigte nach Frankfurt. Eine ähnliche Sogwirkung hat fast jede andere Großstadt in Deutschland. Doch es sind nicht nur die Wirtschaftsmetropolen Frankfurt, München, Düsseldorf, Stuttgart oder Hamburg, die die Pendler anziehen wie der Pflaumenkuchen die Wespen. Das Stammwerk von Volkswagen sorgt dafür, dass über 70000 Einpendler morgens Wolfsburg verstopfen. VW sah sich schon gezwungen, neue Abfahrtsspuren für die Autobahn zu bauen. Jeder Dritte der 36000 BASF-Beschäftigten legt täglich mehr als 30 Kilometer ins Ludwigshafener Werk zurück. Ins thüringische Jena fahren heute 5000 Menschen täglich mehr als noch vor fünf Jahren. Ein Zuwachs um 20 Prozent. Darüber kann man in Essen nur schmunzeln. Die Ruhrmetropole zieht täglich 140000 Menschen an, 35000 mehr, als in Jena leben. Jeder Einzelne wird kalkuliert haben, ob sich das Pendeln für ihn lohnt.

Doch dass am Ende Morgen für Morgen tatsächlich Millionen Deutsche unterwegs sind, widerspricht allen ökonomischen Nutzentheorien. Wären die Menschen so vernünftig, wie sie die Volkswirte gerne beschreiben, dann dürften sie nur pendeln, wenn sie damit viel mehr Geld verdienen würden, als wenn sie zu Fuß zur Arbeit gingen. Doch was machen sie? Vergleichen eifrig die Preise von Le Crobag, Subway oder McDonald's und ignorieren dennoch das große Ganze. Tatsächlich sind die Ausgaben vielfach höher, als die meisten Dauermobilen vermuten werden. Viele Pendler sind über die wahren Kosten ihres Lebens so gut im Bilde wie ein gesetzlich versicherter Krankenkassenpatient über die Details seiner Zahnarztrechnung.

Zunächst liegt das auch nahe. Aus Sicht eines Pendlers schaut man allein darauf, was am Monatsende übrig ist. Und wer sich nur auf die monatlich unmittelbar zurechenbaren Kosten der Mobilität konzentriert, spürt im Vergleich zu früheren Jahrzehnten kaum einen Anstieg. Die Kosten für die Nutzung des Verkehrs sind heute – bezogen auf das verfügbare Einkommen – etwa gleich hoch wie vor 20 Jahren. Rund 14 Prozent geben Haushalte für Auto-, Bus- oder Zugfahrten aus. Fliegen ist heute sogar vielfach günstiger als noch vor zwei Jahrzehnten. Wer frühzeitig bucht – und manche Pendler leben so monoton, dass sie ihr Leben ein Jahr im Voraus kennen –, fliegt für 100 Euro quer durch Europa. Hin und zurück.

Diese scheinbar günstige Mobilität verführt viele Pendler dazu, ihrem Leben treu zu bleiben. Dabei ist die Wahrheit für Autopendler nur wenige Minuten entfernt. Wer wissen will, was ihn sein Automodell Monat für Monat kostet, sollte sich einmal durch den Autokosten-Rechner des ADAC klicken. Dort werden für über 8000 Fahrzeuge sämtliche Kosten der Fahrzeughaltung aufgelistet (ohne Benzinausgaben!) – die Ergebnisse sollten Besitzer schockieren. Selbst ein Kleinwagen wie der Seat Ibiza (Neupreis 11 690 Euro) schlägt dort mit monatlichen Fixkosten von 447 Euro zu Buche. Wer den Wertverlust von 188 Euro ignorieren will, muss immer noch mit 259 Euro Kosten rechnen. Der kleinste Audi A3 kostet demnach 598 Euro. Basis für die Berechnung sind vier Jahre Haltedauer und für Pendler eher niedrig kalkulierte 15000 Kilometer im Jahr.

Damit ist der Autofahrer schon einen großen Schritt weiter. Er weiß jetzt, was er für seine Mobilität zahlt. Zumindest dann, wenn er so ehrlich ist, auch noch die Ausgaben fürs Benzin hinzuzuzählen. Doch er kann noch nicht sagen, ob sich das Pendeln für ihn lohnt. Dafür muss er auf Menschen wie Florian Schweiger hoffen.

Schweiger hat schon 2006 die Pendelkosten im Hamburger Umland ermittelt. Der Mitarbeiter der Beratungsgesellschaft Analyse & Konzepte sollte sich damals ansehen, für wen sich der Eigenheimerwerb im Großraum Hamburg lohnt, wenn er täglich ins Zentrum der Hansestadt pendeln muss. Das Ergebnis hat selbst Schweiger überrascht: »Wer sein eigenes Auto für das Pendeln in die Stadt nutzt, profitiert in aller Regel nicht von den geringeren Eigenheimpreisen im Umland, denn die Kostenvorteile werden durch die deutlich höheren Mobilitätskosten kompensiert. Wer etwa von Stade oder Lüneburg nach Hamburg pendelt, zahlt langfristig mehr Geld für Auto und Benzin, als er über die günstigere Hausfinanzierung spart.«

Schweiger hat für dieses Buch noch einmal nachgerechnet und die aktuellen Preise für Häuser rund um Hamburg mit jenen in der Stadt verglichen. Für ein 110 Quadratmeter großes Eigenheim zahlten Käufer 2013 im Hamburger Stadtteil Niendorf rund 403000 Euro. In Stade waren es gerade einmal 195000 Euro – ein Preisgefälle von über 50 Prozent. Die monatlichen Wohnkosten betragen bei realistischen Zinssätzen (und der Annahme, dass ein Viertel des Kaufpreises aus gesparten Rücklagen finanziert wird) am Ende 1246 Euro in der Stadt und 737 Euro in Stade. Raus aufs Land, möchte man meinen.

Dann aber rechnet Schweiger die Kosten der Autofahrten dagegen. Er vergleicht dabei den VW Passat, den Ford Fiesta und ein Monatsticket des öffentlichen Personennahverkehrs. Ergebnis: Wer von Niendorf in die Stadtmitte pendelt, zahlt dafür mit einem Passat 235 Euro, mit dem Fiesta 173 Euro und mit der Monatskarte 60 Euro. Das 60 Kilometer entfernte Stade kostet den Volkswagenfahrer 1058 Euro, den Fordfahrer 773 Euro und den Bahnfahrer 79 Euro im Monat. Mit anderen Worten: Wer nach Stade zieht und sich dort für den täglichen Weg nach Hamburg einen Mittelklassewagen gönnt, zahlt am Monatsende mehr für die Fahrten als für das Eigenheim. »Mit zunehmender Entfernung von der Stadt verschiebt sich das Verhältnis der Gesamtkosten immer weiter zugunsten der innerstädtischen Standorte«, sagt Schweiger. Im Fall Stades werden aus anfänglichen Kostenvorteilen von über 500 Euro am Ende Kostennachteile in Höhe von 314 Euro. Selbst mit dem typischen Pendlerkleinwagen – im Beispiel ist dies der Ford Fiesta – sind die Kosten in Stade (1510 Euro) und Lüneburg (1619) insgesamt höher, als wenn der kurze Weg von Niendorf nötig ist (1419 Euro). Und die schlechte Nachricht für Sparfüchse: Die Pendlerpauschale ist darin schon eingerechnet.

Die nächste Schlussfolgerung der Studie ist offensichtlich: Beim Pendeln mit öffentlichen Verkehrsmitteln bleibt der Gesamtkostenvorteil insgesamt erhalten. Er beträgt im Vergleich von Stade und Niendorf rund 490 Euro, im Vergleich mit Lüneburg sind es immer noch 396 Euro. Das Auto ist somit der größte Feind von Pendlern – vorausgesetzt, sie wollen beim Pendeln kein Geld verbrennen.

Der Bundestag hat dies längst feststellen lassen. In einem Gutachten des wissenschaftlichen Dienstes zur Pendlerpauschale wird genau beschrieben, wie hoch die Entfernungspauschale heute sein müsste, damit Pendler auch nur ein ähnliches Niveau zur Kostendeckung erreichen wie noch 1991. Damals konnte ein Autofahrer etwa 60 Prozent der tatsächlichen Kosten absetzen, für jeden Kilometer Arbeitsweg waren es 58 Pfennig. Damit Autofahrer heute den gleichen Teil ihrer Ausgaben decken könnten, müsste die Pauschale statt 30 Cent 74 Cent betragen. Und selbst verglichen mit 2004 wären es noch 49 Cent.

Jeder einzelne Pendler zahlt damit gewaltig drauf, wenn er ins Auto steigt. Doch schlägt sich das im Mobilitätsverhalten nieder? Überhaupt nicht! 2011 sind die Deutschen so viel Auto gefahren wie noch nie. 608 Milliarden Kilometer legten Bundesbürger auf deutschen Straßen zurück, die Fahrleistung ist binnen zehn Jahren um rund vier Prozent gestiegen. 1990 wurden zwei Drittel aller beruflichen Fahrten mit dem Auto gemacht (65,6 Prozent), 2012 waren es fast bis auf die Nachkommastelle genau so viel (65,9 Prozent).

Angesichts der horrenden Benzinkosten ist schon erstaunlich, dass noch heute fast zwei Drittel aller Pendler hinter dem Steuer sitzen. Der PKW könne »als das Standardverkehrsmittel für den Weg zur Arbeit angesehen werden«, heißt es beim ADAC und damit das so bleibt, fordert der Lobbyverband der Autofahrer seit Jahren eine Anhebung der Pendlerpauschale.

Wer sich jedoch noch weiter mit Schweigers Untersuchung beschäftigt, kommt eher zu dem Schluss, dass Menschen das Pendeln am besten ganz bleiben lassen sollten. Zwar lässt sich der Zeitverlust des Pendelns kaum in Euro ausdrücken, doch die Berechnung von Schweiger hat es auch so in sich. Demnach benötigen Auto-Pendler von Lüneburg bis in die Hamburger Innenstadt durchschnittlich anderthalb Stunden am Tag, mit Zug und S-Bahn dauert es etwa gleich lang. Wer aus Stade anreist, sollte zwei Stunden täglich mit öffentlichen Verkehrsmitteln einkalkulieren, mit dem Auto sogar zehn Minuten mehr. Wobei darüber hinaus auch noch zu bedenken ist, dass Schweiger mögliche Staus oder Verspätungen im öffentlichen Nahverkehr nicht mit einkalkuliert. Doch selbst diese Traumwelt bedeutet am Ende Belastungen für Pendler von mehreren Arbeitswochen – im Falle Stades sind es gar bis zu zwölf. Ein Vierteljahr – und auch das nur, wenn im Elbtunnel nie Stau ist.

Im Süden der Republik ist die Lage nicht viel anders. In einer umfangreichen Untersuchung zur Siedlungsentwicklung und Mobilität hat der Stadtplaner Jens-Martin Gutsche die

Wohn- und Pendelkosten im Großraum München untersucht. Am Beispiel einer Kleinfamilie, die in einem Fall eine Doppelhaushälfte und in einem anderen Szenario ein Einfamilienhaus kauft, kam Gutsche zu folgendem Ergebnis: »Über fast alle Berechnungsvarianten werden die preislichen Unterschiede, die Haushalte bei ihren Wohnkosten an unterschiedlichen Standorten innerhalb der Region München vorfinden, bei einer Einbeziehung der Mobilitätskosten ganz oder teilweise nivelliert.« In vielen Fällen hebt sich – wie in Hamburg – der günstigere Immobilienkauf durch die hohen Fahrtkosten in die Stadt komplett auf. Da die Bodenpreise in Hamburg geringer als in München sind, ist der Effekt in der bayerischen Landeshauptstadt allerdings in einigen Regionen weniger stark ausgeprägt – für Mieter ändert sich wiederum kaum etwas. Vereinfacht gesagt, zahlen sie umso mehr drauf, je weiter weg von München sie leben.

Nun haben die Pendler aber ein Problem. Monat für Monat sehen sie exakt, wie viel Miete sie gespart haben, wenn sie in den Speckgürtel oder noch weiter aufs Land ziehen. Doch das Auto nutzen Pendler meist nicht nur für den Beruf, sondern auch privat. Zudem macht sich kaum jemand die Mühe wie der ADAC, die Gesamtkosten aufzuaddieren, sondern »sammelt höchstens die Tankbelege und tankt dazu noch in der Freizeit«, sagt Gutsche. Dann stellt der Stadtplaner eine simple Rechnung auf: Wer 500 Euro für sein Auto im Monat zahlt, könnte in einer 100-Quadratmeter-Wohnung fünf Euro mehr Nettokaltmiete je Quadratmeter zahlen. »Wenn Sie außerhalb leben und diesen Betrag zu Ihren aktuellen Wohnungskosten addieren, können Sie fast schon in die Stadt ziehen. Denn für die Summe bekommen Sie in Städten wie Berlin oft noch eine Wohnung«, sagt Gutsche. Ist die Hauptstadt wegen ihrer einmaligen urbanen Geschichte und der riesigen Fläche ein Einzelfall? Gutsche sagt nein. Selbst für München würde er nicht pauschal zur Auswanderung ins Umland plädieren. Natürlich sind die Preise im Zentrum höher, aber gerade im Süden des so genannten Speckgürtels haben die

Preise für Immobilien in den vergangenen Jahren deutlich angezogen, vor allem dann, wenn der S-Bahn-Anschluss in die Stadt nah ist.

Auf den konnte Stefanie van Staveren lange verzichten. Von Freunden wurden sie und ihr Mann jahrelang beneidet. Mitten in der Maxvorstadt lebten sie in einer Drei-Zimmer-Wohnung, nur einen Spaziergang vom Marienplatz und der Universität entfernt. »Wir haben alles zu Fuß oder mit der U-Bahn erreicht«, sagt die 35-Jährige. Kneipen, Supermärkte oder Ärzte waren einen Katzensprung entfernt. Und doch wollte van Staveren irgendwann nur noch raus. »Im Sommer kam ich einfach nicht mehr zur Ruhe. Von irgendwo dröhnte immer die Musik.« Am Ende hat van Staveren nicht einmal mehr ein Buch auf dem Balkon gelesen, so genervt war sie vom Großstadtlärm. Heute lebt das Ehepaar in Dietersheim im Landkreis Freising, weit im Norden der Stadt. Während ihr Mann früher fünf Minuten zur Arbeit fuhr, ist er nun eine knappe Stunde unterwegs. Steffi van Staveren fährt einmal um ganz München herum, um den Arbeitsplatz in Gräfeling zu erreichen. 40 Kilometer für eine Strecke. »Die Tanknadel geht schnell nach unten«, sagt van Staveren. Und sie sagt noch einen bemerkenswerten Satz: »Über die Kosten fürs Pendeln haben wir uns vorher überhaupt keine Gedanken gemacht.« Sie hätte auch nie gedacht, dass sie selbst dann ins Auto steigen muss, wenn sie noch schnell in den Supermarkt will. Fünf Kilometer sind es bis zum nächsten.

Und während die van Staverens nun abends in die Stadt fahren müssen, um Freunde zu treffen, spinnt sich langsam ein neues soziales Netz aus Nachbarn und Dorfbewohnern um ihr Haus. »In München wusste ich bisweilen gar nicht, wer mir auf dem Hausflur begegnet. Hier haben wir ein eigenes Haus, laden uns gegenseitig zum Essen ein und unsere Nachbarn füttern unsere Katzen, wenn wir nicht da sind.« Wenn Stefanie van Staveren von ihrem neuen Leben erzählt, finden sich Worte wie Entschleunigung oder Ruhe. Auch das

Wort Nestbautrieb fällt an einer Stelle. Das klingt danach, als sei das Ehepaar angekommen. Günstiger leben tun sie jedoch nicht. Natürlich liegt das daran, dass beide nun in einem Haus und nicht mehr in einer beschaulichen Wohnung leben. Aber es liegt vor allem eben auch an den wöchentlich 400 Pendelkilometern, die allein Steffi van Staveren Woche für Woche in ihrem Peugeot 207 zurücklegt.

Sobald sie aber im Büro angekommen ist, fühlt sich van Staveren in guter Gesellschaft. In ihrem Unternehmen im Münchener Westen arbeitet sie mit fünf Kollegen zusammen. Einer pendelt nach Rosenheim, einer nach Bad Tölz, einer nach Augsburg und einer nach München.

Der Stadtplaner Gutsche glaubt, dass viele Menschen nicht nur den Stress des Pendelns unterschätzen, sondern auch ganz konkret draufzahlen, wenn sie wie das Ehepaar van Staveren – aus welchen Gründen auch immer – raus aus dem Zentrum ziehen oder dort gar nicht nach Wohnungen suchen.

Gutsche hat das jüngst am Beispiel Berlins nachvollzogen. Auch dort hat er mühsam den Immobilienmarkt verglichen und die Kosten der Pendelwege zusammengezählt. Obgleich in vielen Teilen der Stadt die Immobilienpreise zuletzt im zweistelligen Prozentbereich gestiegen sind, lohnt es sich in den allermeisten Fällen weiterhin, mitten in Berlin zu wohnen.

Eine entsprechende Studie hat Gutsche für den Berliner Senat erstellt. Vollmundig verkündete daraufhin der frühere Staatssekretär für Stadtentwicklung und Umwelt, Ephraim Gothe (SPD): »Wenn der Nahverkehr gut ausgebaut ist, dann hilft das, die Fixkosten der Haushalte zu senken.« Doch ob die Politik tatsächlich reagiert und das S- oder U-Bahnnetz ausbaut?

Rainer Bohne ist da sehr skeptisch. Bohne kennt den deutschen Wohnungs- und Immobilienmarkt wie wenige, denn er ist auch Geschäftsführer der Vereinigung für Stadt-Regional- und Landesplanung, einem Interessenverband von Stadtplanern. »Die Zersiedelung des Großraums Berlin und anderer Großstädte schreitet ungebremst voran«, sagt er. Es ist ein Thema, das Bohne aufregt, er redet dann schnell von Wildschweingebieten. Darunter versteht Bohne Neubaugebiete, die in Windeseile mit Fertighäusern aus dem Katalog wie Kraut und Rüben zugestellt werden und deren Grundstücke heute dreimal kleiner seien als früher ausgewiesene Neubauflächen. Ohne Charme, ohne Ästhetik und ohne Seele. Bohne spricht von einem teuren »Siedlungsbrei«. All das mag nur nach einem Problem für Landschaftsarchitekten und Ästheten klingen, doch es ist auch ein gesellschaftliches: Die Erschließungs- und vor allem Instandhaltungskosten von Baugebieten steigen dramatisch an, wenn jeder sein eigenes Häuschen baut. Mehr Straßen werden gebraucht, mehr Kanaldeckel, mehr Abwasserrohre als in der dicht besiedelten Stadt. Und dann die Infrastruktur: Kommunen locken Pendler mit Kindergärten, kleinen Schulklassen und Seniorenwohnheimen. Die Kosten zahlen natürlich nicht allein die Pendler, sondern alle Steuerzahler.

Viel ist dieser Tage vom Comeback der Städte die Rede, davon, dass München, Hamburg, Stuttgart oder Leipzig immer weiter wachsen. Verrennt sich Bohne da nicht ein bisschen, wenn er behauptet, die Zersiedelung schreite voran und das Pendeln damit auch? Doch die Lektüre eines umfangreichen Datenwerks zum Thema gibt Bohne recht. Der jüngste Stadtentwicklungsbericht, der alljährlich von der Bundesregierung herausgegeben wird, geht detailliert auf die Stadt-Umland-Beziehungen ein. Die Autoren beschäftigen sich ausführlich mit der »neuen Attraktivität großer Städte«. In 50 von 85 untersuchten Städten wachsen die Einwohnerzahlen in den Innenstädten. Und doch ist der Trend zum Pendeln ungebrochen. »Der Anteil der Menschen, der in derselben Gemeinde wohnt und arbeitet, nimmt ab«, heißt es in dem Bericht. Menschen, die innerhalb ihrer Stadt pendeln, sanken bundesweit von 46,4 Prozent 1999 auf 41 Prozent 2009. »Im selben Zeitraum stieg die durchschnittliche Pendeldistanz von 14,6 Kilometer auf 16,6 Kilometer.« Besonders gravierend sind die Folgen für die Menschen in Ostdeutschland: »Die dünnbesiedelten Regionen in großen Teilen Mecklenburg-Vorpommerns, Brandenburgs und der Altmark weisen überdurchschnittliche Pendeldistanzen auf.«

Die Menschen fahren dahin, wo es Jobs gibt. Manchmal von Großstadt zu Großstadt. Und das kostet. In Thüringen beispielsweise berät Kornelia Parschau seit 20 Jahren Menschen, die überschuldet sind. Parschau leitet eine Schuldnerberatungsstelle der Arbeiterwohlfahrt in Leinefelde. Im Dreiländereck zwischen Thüringen, Hessen und Niedersachsen suchen Alleinerziehende, Verwitwete, Spielsüchtige, Alkoholkranke oder Rentner ihren Rat. »Ein Spiegelbild unserer Gesellschaft«, sagt die 56-Jährige. Immer öfter kommt eine weitere Gruppe hinzu: die Pendler. Vor kurzem lernte sie einen 55-jährigen Zeitarbeiter kennen, der 1120 Euro netto verdient, aber allein 400 Euro im Monat für Benzin ausgibt. Ihre Kollegin berichtet von einer Physiotherapeutin, die für 30 Stunden Arbeit in der Woche 790 Euro Nettolohn bekommt. Für die 35 Kilometer zur Arbeit zahlt sie jeden Monat 250 Euro an der Tankstelle. »Viele wollen arbeiten, aber sie unterschätzen die Ausgaben für die ständige Fahrerei. Die Benzinkosten steigen immer weiter und am Monatsende bleibt kein Geld übrig. Sie sind immer öfter verschuldet«, sagt Parschau. Rund 60 Pendler betreuen allein Parschau und ihre zwei Kolleginnen. 10 Prozent aller Klienten. Am Ende verdienen viele trotz Vollzeitbeschäftigung und Pendelstress weniger, als sie mit dem Hartz-IV-Regelsatz bekommen würden, erzählt sie. »Denen kann ich nur raten, eine Aufstockung über das Arbeitslosengeld II zu beantragen«, sagt Parschau.

340 Kilometer weiter im Norden schimpft Kreishandwerksmeister Hans-Werner Mrowiec über den Fachkräftemangel. Der Tischlermeister hat schon einmal einem Schüler 500 Euro für den Führerschein geschenkt, als der einen Lehrvertrag unterschrieb. Mrowiec' 35 Mitarbeiter führen Aufträge in ganz Deutschland aus. Sie haben Fenster in ein Lübecker Wohn-

haus installiert, Türen in ein Berliner Mehrfamilienhaus und Sonnenschutzelemente in Häuser der Evangelischen Studentengemeinde Aachen. »Ich schicke meine Leute nicht morgens um 7 Uhr auf die Autobahn, damit sie um 22 Uhr wieder zurück sind«, sagt Mrowiec. Seine Frau organisiert stattdessen Hotelzimmer, möglichst nahe an der Baustelle. »Natürlich kostet das etwas, aber dafür spare ich Benzin und meine Leute sind morgens ausgeschlafen«, sagt Mrowiec. Ihm fällt es wie allen Unternehmen in der Region jedoch zunehmend schwer, Auszubildende für den Betrieb zu finden. Im vergangenen Jahr konnte er das sogar der damaligen Sozialministerin Mecklenburg-Vorpommerns Manuela Schwesig (SPD) während einer Betriebsführung erzählen. Doch auf die Politik hofft Mrowiec schon lange nicht mehr: »Die schaffen es nicht einmal, eine Bushaltestelle hier in Fresenbrügge zu überdachen, und die Schüler stehen dann im Regen«, sagt er. Wer raus ist aus der Schule, zieht dann möglichst schnell weg. Nach Hamburg, Lübeck oder Schwerin.

Die Wut des Kreishandwerksmeisters ist nur zu verständlich. Aber wer soll Haltestellen, Straßen und Schulen in Fresenbrügge auf Dauer bezahlen? Je mehr Menschen von Fresenbrügge in andere Gemeinden ziehen oder pendeln, je teurer wird es, die nötige Infrastruktur für die restlichen Anwohner zu finanzieren. Umfangreiche US-Studien rechnen vor, dass dicht besiedelte Gebiete im Vergleich zu eher dörflichen Strukturen 25 Prozent für die Straßenerschließung, fünf Prozent für die Schulausbildung und 20 Prozent für Abwasserrohre und Stromleitungen sparen könnten. Um welche Verhältnisse es hierbei geht, wiesen Wissenschaftler für Nordrhein-Westfalen nach. Demnach ist das Kanalnetz im Verhältnis zur Bevölkerung in kleinen Gemeinden mit weniger als 10000 Einwohnern etwa drei- bis viermal länger als in Großstädten mit über 500000 Einwohnern. Eine Faustregel, die der Stadtplaner Gutsche gern zitiert, besagt denn auch, dass in der Stadt pro Einwohner mit 3 bis 5 Metern Straße gerechnet wird, auf dem Land eher mit 15.

Gutsche hat deswegen für Kommunen und interessierte Bürger einen Folgekostenrechner ins Internet gestellt, auf dem geschätzt werden kann, was die Ausweisung von zusätzlichem Bauland eine Gemeinde künftig kosten wird. Es sind Kosten, die eigentlich direkt mit dem Pendeln zusammenhängen, die die Gesellschaft aber offenbar bereit ist zu zahlen, um ein Lebensmodell aufrechtzuerhalten.

Es gibt weitere Belastungen, die kaum thematisiert werden, aber in die Milliarden gehen: Staukosten, Luftverschmutzung oder auch Lärm. Diese Unsummen kommen deshalb nicht zur Sprache, weil sie niemandem direkt zurechenbar sind. Am Ende werden sie von heutigen und vor allem künftigen Steuerzahlern beglichen werden müssen.

Eine der umfangreichsten Erhebungen über diese so genannten externen Kosten hat die niederländische Beratungsgesellschaft CE Delft mit Zahlen von 2008 veröffentlicht. Demnach fallen für alle 1000 Personenkilometer im Europäischen Autoverkehr rund 65 Euro an Kosten an, für die heute niemand aufkommt.

Am Ende haftet die Gesellschaft. 65 Euro für 1000 Kilometer, das sind viermal höhere Belastungen als für Zugfahrten und sogar mehr als im Flugverkehr. 32 Euro entfallen dabei auf ungedeckte Kosten, die Folge sind von Unfällen. Tag für Tag sterben 9 Menschen auf Deutschlands Straßen, 180 Schwerverletzte zählt die Polizei an einem Durchschnittstag. Der Spitzenverband der Unfallversicherer meldete zuletzt rund 400 tödliche Unfälle auf dem Weg zur Arbeit und insgesamt 176 000 meldepflichtige Wegeunfälle im Jahr.

Was aber, wenn ein Autofahrer einen Autobahnunfall mit vielen Verletzten verursacht, die Haftpflicht aber nur die Mindestsumme von 7,5 Millionen Euro versichert hat? Das persönliche Vermögen des Versicherten ist schnell aufgebraucht, wenn gleich mehrere Verletzte ein Leben lang behandelt werden müssen und womöglich nie wieder arbeiten können. Dann zahlen am Ende der Staat und somit alle Steuerzahler den Schaden.

Die europäischen Statistiker gaben aber auch der Luftverschmutzung einen Preis. Wer 1000 Kilometer in einem Auto fährt, sollte umgerechnet 5,5 Euro an die Gemeinschaft zahlen, sonst lebt er auf Kosten anderer. Direkt damit zusammen hängen weitere Kosten, die eigentlich eingepreist werden müssten in der Tankrechnung oder der KFZ-Steuer. Die Gefahren des drohenden Klimawandels spielen im Kalkül des Autofahrers keine Rolle. Wäre es der Fall, sollte er für alle 1000 gefahrene Kilometer 17 Euro beiseitelegen – selbst die Zersiedelung schlägt sich in den Berechnungen der Experten nieder und kostet die Gesellschaft einen weiteren Euro (je 1000 Personenkilometer). In Deutschland ist die Rechnung sogar noch drastischer. 85 Euro pro 1000 Kilometer müssten Autofahrer zusätzlich zahlen, wenn sie für alle Kosten aufkommen würden, die sie mit ihren Fahrten verursachen.

Mit anderen Worten: Wenn die Gesellschaft den Schmutz, Dreck und Lärm der Pendler nicht mehr ertragen wollte, müssten Vielfahrer wie Steffi van Staveren jede Woche für ihre 400 Fahrtkilometer 34 Euro ans Finanzamt überweisen. Pendelstrafe. Für die 608 Milliarden Kilometer aller Autofahrer kämen somit 52 Milliarden Euro zusammen. Mehr als der Staat mit der Mineralölsteuer einnimmt.

Doch damit nicht genug. Noch haben wir uns vorgestellt, dass der Verkehr auf Deutschlands Autobahnen nie still steht. Eine Welt, die Bruno Hänsler gern einmal erleben würde. Doch wenn der 55-Jährige nicht in aller Frühe montagmorgens losfährt, steht er mindestens eine halbe Stunde in Köln im Stau. Hänsler pendelt von Königstein bei Frankfurt nach Belgien. Er arbeitet in Brüssel, in der Baden-Württembergischen Landesvertretung. Zum Wochenende geht es zurück nach Deutschland, seine Frau arbeitet in Hessen, Umzug ausgeschlossen, Stress pur: »Freitags ist immer das gleiche Drama. Wenn ich in Brüssel nicht rechtzeitig loskomme, stehe ich mindestens eine Stunde, ehe ich aus der Stadt raus bin.«

Der Navigationsdienst Tom Tom vergleicht regelmäßig den Verkehrsfluss in europäischen Städten. Brüssel zählt zu den zehn verstopftesten Hauptstädten. Würde Hänsler die Rushhour nicht umfahren, stünde er auf der halben Stunde Fahrt vom Stadtrand ins Zentrum fast ebenso lange im Stau.

In Deutschland ergeht es ihm kaum besser. Der Kölner Ring ist fast immer verstopft, wenn Hänsler unterwegs ist. Zug fahren kommt für ihn dennoch nicht infrage. Zu oft müsste er umsteigen. Also Augen auf und durch. Hänsler weiß, dass das Pendeln für ihn ein teurer Luxus ist. Sein C-Klasse-Mercedes schluckt 8 Liter auf hundert Kilometer. Jede Woche legt Hänsler 740 Kilometer zurück. 60 Liter Benzin pro Woche, 90 Euro nur für Sprit. Aber dass er am Wochenende in Brüssel bleibt, passiert höchstens vier-, fünfmal im Jahr. Steht Hänsler im Stau, verliert er Freizeit oder kommt nicht pünktlich zur Arbeit. Dann arbeitet er länger und hat abends später frei. In den allermeisten Fällen sind also nicht die Unternehmen die Leidtragenden der Staus, sondern allein die Arbeitnehmer. Deshalb ist von vielzitierten Studien, die Staukosten auf weit über 100 Milliarden Euro in Deutschland schätzen, eher wenig zu halten. In solchen Erhebungen – eine etwa wurde von BMW finanziert – wird der Verkehr nach Freizeitfahrten, Berufsverkehr und Dienstreisen unterteilt. Wer auf der Geschäftsreise im Stau steht, dem entgehen 56,24 Euro Stundenlohn, so die Logik der Autoren. Viel wahrscheinlicher aber ist, dass der Betroffene abends eine Stunde länger arbeitet und entsprechend weniger Freizeit hat. Doch selbst zurückhaltendere Studien beziffern die Kosten der Staus in Deutschland auf nahezu 20 Milliarden Euro.

Und das Schlimmste: Es wird nicht besser. Jahr für Jahr, so rechnete es jüngst eine Kommission für das Verkehrsministerium vor, fehlen in Deutschland 7,2 Milliarden Euro, um den Bestand von Autobahnen, Bundesstraßen und Gemeindewegen zu erhalten und dessen nötigen Ausbau zu sichern. Zugleich nimmt die Zahl der Fahrzeuge massiv zu. Zwischen 1995 und 2009 hat sich die Zahl der Autobesitzer um fast 32 Prozent erhöht. Von 417 auf 551 Autos je 1000 Einwohner. Bis 2030 könnte sich diese Quote weiter erhöhen, schätzt das Rheinisch-Westfälische Institut für Wirtschaftsforschung. Zwar leben immer weniger Menschen in Deutschland, aber immer mehr leben allein – und wollen mobil sein. Der Trend zum Carsharing und die Tatsache, dass jungen Menschen heute ein eigenes Auto weniger wichtig ist als noch vor 30 Jahren, könnte diese Entwicklung allerdings noch etwas abfedern. So oder so wird es immer voller auf den Straßen.

Schließlich droht der noch viel rasanter wachsende Güterverkehr die Fahrt zur Arbeit endgültig zum Stresstest werden zu lassen. »Das Wachstum des Güterverkehrs ist der eigentliche Stautreiber auf Deutschlands Fernstraßen. Ein Lastwagen belastet die Fahrdecke einer Autobahn wegen des hohen Gewichts so sehr wie 50000 Autos«, sagt der Duisburger Stauforscher Michael Schreckenberg. Die enorme Belastung führe zu erhöhtem Sanierungsbedarf der Straßen, die sich ohnehin in einem weit »dramatischeren Zustand befinden«, als dies der Öffentlichkeit bekannt ist.

Schlechte Nachrichten für Autopendler und sie werden nicht besser. Zwischen 2007 und 2025 soll der Güterverkehr um bis zu 80 Prozent anwachsen. Ein Grund: Aufgrund der zentralen Lage in Europa ist Deutschland Transitland für Europas Warenverkehr. Die A2, die Berlin mit dem Ruhrgebiet verbindet, heißt unter Brummifahrern seit Jahren Warschauer Allee. Tausende Lastwagen aus Osteuropa liefern Obst, Gemüse, Schweine, aber auch Autoreifen und -ersatzteile in den Westen, der die Partnerländer wiederum mit Maschinen und Neuwagen versorgt.

Für Staus sorgen am Ende nicht nur Elefantenrennen, sondern fast täglich auch Unfälle, die oft mit einer Vollsperrung einhergehen und aus Deutschlands Schnellstraßen dreispurige Standstreifen machen. Die künftigen Staukosten können angesichts dieser Entwicklung nur weiter steigen und das Pendeln mit dem Auto noch unattraktiver werden lassen.

Besonders schlimm ist es auf dem Weg in das Herz der deutschen Automobilindustrie. Nach Wolfsburg.

Wenn Martin Winterkorn von seinem Haus im Landkreis Gifhorn zur Konzernzentrale fährt, wird der Chef von Volkswagen regelmäßig ausgebremst. Es ist so schlimm, dass der Betriebsratsvorsitzende ausplauderte, Winterkorn habe schon den letzten Schleichweg ausprobiert, um ins Büro zu kommen. Vergebens. Dabei lässt Winterkorn gern die Sau raus auf der Autobahn. Nachts, wenn die Autobahnen leer sind, gibt Winterkorn Gas. So war das zumindest, als er noch Audichef in Ingolstadt war. Doch sein eigener Erfolg hat Deutschlands bestbezahlten Pendler, der im Monat weit über eine Million Euro verdient, zwangsentschleunigt. Und das ausgerechnet auf der Straße.

Kein Wunder: Im Vergleich zu 1998 sind allein im Wolfsburger Volkswagen-Werk mehr als 5000 neue Arbeitsplätze entstanden. Weil in der Folge auch Zulieferer und andere Dienstleister kräftig expandierten, hat sich die Zahl der Einpendler im gleichen Zeitraum von rund 40000 auf etwa 73000 bis Ende 2012 erhöht. Die Hälfte davon fährt direkt zu VW. Die Pendler kommen aus dem gesamten Bundesgebiet, allein 800 Bahnfahrer täglich aus Berlin. Als das Elbehochwasser 2013 die Fahrtzeit infolge einer Umleitung deutlich erhöhte, mietete VW sogar Unterkünfte auf einem nahegelegenen Truppenübungsplatz an.

Doch zwei von drei Pendlern fahren wie Martin Winterkorn mit dem Auto zur Arbeit. Für die Stadt ist das ein Riesenproblem. Bisher galt das Gesetz: Hat VW einen Schnupfen, hat Wolfsburg eine Lungenentzündung. Doch was passiert, wenn es andersherum geht und der Boom der Autoindustrie so groß ist, dass die Infrastruktur an Grenzen stößt?

Da stand dann nicht nur der Chef im Stau, sondern tausende Pendler auf der A39. Im Frühjahr 2012 betrug die Durchschnittsgeschwindigkeit auf der Autobahn morgens um 7 Uhr an manchen Streckenabschnitten unter 20 Stundenkilometer, erst anderthalb Stunden später normalisierte sich die Lage. Alle Fahrer wollen in eine Fabrik, die mit vier Kilometern in der Ost-West-Ausdehnung und zwei Kilometern in der Nord-Süd-Ausdehnung dreimal größer als Monaco ist. Allerdings ist das Werk praktisch nur durch drei Straßen erschlossen.

An einem trüben Wintertag wühlt sich Thomas Krause durch einen Stapel Papier. Dutzende Seiten hat der Vorstand der Wolfsburg AG zusammengestellt, damit seine Besucher auf Anhieb verstehen, wie dramatisch die Lage in Wolfsburg ist. Die Wolfsburg AG ist ein Unternehmen, das Volkswagen gemeinsam mit der Stadt gegründet hat. Krause hat nun endlich die entscheidende Grafik gefunden und zeigt mit einem Kugelschreiber auf die Karte, die die Zuwege zum Werk beschreibt. Die A39 im Westen, die B188 im Norden als Zubringer für die Berliner Brücke und die Heinrich-Nordhoff-Straße im Süden. Dann tippt er mitten hinein auf die dunkel hinterlegte Karte des Werks: »Alle wollen dahin!« Die Hauptzufahrtsstraßen wie die Berliner Brücke, so erzählt Krause, »sind in Spitzenzeiten so ausgelastet wie die A7 bei Hildesheim«. 56900 Autos sind 2010 an einem Tag allein dort gefahren. Während in München oder Berlin gerade jeder vierte Pendler mit dem eigenen Auto oder in Fahrgemeinschaften unterwegs ist, sind es in der Autohauptstadt Wolfsburg 60 Prozent. »Alle Verkehrsträger sind voll ausgelastet«, sagt Krause.

Die Stadt stand vor dem Verkehrskollaps. Gemeinsam mit Volkswagen setzte die Stadtverwaltung im Februar 2012 eine »TaskForce Verkehr« ein. Die Arbeit wird von der Wolfsburg AG koordiniert. »Aus dem Plus an Beschäftigung ist bislang nicht in gleichem Maße ein Plus an Bevölkerung in Wolfsburg entstanden«, sagt Krause. Wie auch? Auf dem Wohnungsmarkt gab es praktisch keinen Leerstand mehr. Es gebe zwar Wohnbauprogramme und bis 2020 sollen 6000 neue Wohnungen und Häuser gebaut werden, aber »die können das notwendige Mehr an Bedarf nicht abdecken«. Und der Ausbau dauert Jahre. Selbst schuld!, mag man denken. Hätte Wolfsburg halt früher investieren sollen! Doch so einfach ist es nicht, denn die Autokonjunktur ist extrem abhängig von der Wirtschaftslage. Noch zwischen 2004 und 2006 verdiente VW so schlecht, dass nicht einmal Gewerbesteuer gezahlt wurde. Dann kam der Boom und mit ihm der drohende Verkehrsinfarkt für Wolfsburg.

Die Kosten für die innerhalb weniger Monate realisierten Projekte der Task Force, um einen Verkehrsinfarkt zu vermeiden, hat Krause sorgfältig zusammengetragen. Für 2000 neue Parkplätze investierte Volkswagen rund sechs Millionen Euro, einen internen Shuttle-Service ließ sich der Konzern rund 2,5 Millionen Euro kosten. Bisher mussten Pendler, die im Westen wohnen und im Osten des Werks arbeiten, einmal um die Autofabrik herumfahren. Nun können sie überall parken und dann im Werksgelände auf Busse umsteigen. Auch die Stadt hat investiert. 1,2 Millionen für die Werkslinien der örtlichen Busbetriebe und weitere 7,5 Millionen für einen besseren Anschluss an die A39. Stadt und Unternehmen investierten weitere vier Millionen für 600 weitere Parkplätze. »Die gemeinsamen Anstrengungen haben die Situation deutlich entspannt«, sagt Krause. Trotzdem ist viel mehr nötig. Seit Jahren fordern Politik und Wirtschaft beispielsweise den Ausbau der A39 zwischen Lüneburg und Wolfsburg. Die Kosten wurden zuletzt auf 1,1 Milliarden Euro geschätzt. Der Ausbau wird frühestens 2017 beginnen, Bürgerinitiativen haben bereits Widerstand angekündigt.

Also doch das Verkehrsmittel wechseln? VW-Mitarbeiter könnten, in der Hoffnung, ihre Zeit und Pendelkosten zu sparen, einfach umsteigen – in die Bahn. Doch wer sich fragt, warum es nicht noch mehr tun, sollte sich einmal morgens gegen 7:15 Uhr an Gleis 9 des Hauptbahnhofs Hannover stellen.

Michael Sommer wartet dort Morgen für Morgen auf den Intercity nach Wolfsburg. Sommer arbeitet im Vertrieb der Elektromobilität, sein Mann lebt in München, er selbst lebte früher in Köln. »Unvorstellbar nun nach Wolfsburg zu ziehen«, sagt er. Hannover sei der kleinstmögliche Nenner. Dort ist er an diesem Morgen umgeben von Pendlernerds. Diese Mobilitätsgattung formiert sich in der Regel in Wabenform am Gleis. Die Nerds stehen nicht zufällig in diesem Klumpen zusammen, sondern weil exakt dort die Tür aufgehen wird (es sei denn, der Zug verkehrt in umgekehrter Wagenreihung oder die Bahn schickt einen Ersatzzug). Danach spült eine Art ungeordnetes Reißverschlussverfahren die Menschen in die Wagen. Bahn.comfort-Plätze und Plätze ohne Reservierung werden binnen Sekunden belegt sein, verzweifelte Unerfahrene werden dann den gesamten Zug durchqueren, um sich am Ende schweißgebadet vor ein Abteil zu hocken. Das ist der Moment, wo die Frage beantwortet wird, warum die Anzüge mancher Arbeitskollegen schon vor dem ersten Meeting Falten schlagen. An diesem Tag schickt die Bahn einen etwas kürzeren Zug als sonst auf den Weg. Sommer bleibt trotzdem gelassen. Er wird die nächsten gut 30 Minuten stehend verbringen, erst die *BILD*-Zeitung lesen und dann mit seinem Smartphone spielen. Sommer zieht dieses Leben der Alternative vor. Hin und wieder kostet es ihn Nerven, aber dann denkt er einfach an die vielen Kollegen, die zur gleichen Zeit im Auto sitzen und sehr wahrscheinlich im Stau stehen. »Der Zug ist schneller als jede Fahrgemeinschaft«, sagt Sommer.

Was wie der einfachste Weg aus der Staufalle klingt, hat zunehmend Grenzen. Denn wie Sommer denken immer mehr VW-Mitarbeiter. Um 25 Prozent ist die Zahl der Fahrgäste binnen vier Jahren gestiegen, die in Wolfsburg ein- oder aussteigen.

Natürlich könnte die Deutsche Bahn davon profitieren, dass Deutschlands Straßenverkehr so zäh ist wie ein Abendschnitzel an der Raststätte. Und sie tut es schon: Überall dort, wo ICEs zwei Städte zügig verbinden, sind Züge dem Auto vollkommen überlegen. Die fast 300 Kilometer lange Fahrt von Hamburg nach Berlin dauert kaum zwei Stunden. Da hält kein Auto mit, schon gar nicht im Berufsverkehr. Tausende Menschen pendeln zwischen beiden Metropolen. Ab 2017 soll sogar alle 30 Minuten ein ICE fahren. Schon jetzt sind die Züge am frühen Morgen und Abend so ausgelastet, dass der Speisewagen so voll ist wie die Tanzfläche des einstigen New

Yorker Studio 54 in besten Zeiten. Es gibt nur ein Problem. Der Bahn fehlen Jahr für Jahr 1,2 Milliarden Euro, um das Schienennetz zu erhalten und auszubauen. Ihr fehlen auch Züge, um den Bedarf zu decken.

Selbst wenn die Bahn nur die heutige Qualität aufrechterhalten wollte, müssten die Fahrpreise langfristig steigen. Der Staat als Eigentümer weigert sich schließlich vehement, genug in das Netz zu investieren. Er setzt andere Prioritäten und baut im Zweifel lieber Straßen als Schienen.

Wegen der dauernd anziehenden Energiekosten werden die Bahnpreise zusätzlich und stetig steigen. Mal um drei, mal um vier Prozent, aber sicher schneller als die durchschnittlichen Gehälter. Der Volkssport Pendeln wird ein teures Vergnügen bleiben. Und zwar selbst dann, wenn die Pendler weiter davon verschont bleiben, für all die Kosten aufzukommen, die sie verursachen.

Kapitel 5

Beziehungskiller Mobilität

Das größte Experiment seines Lebens begann für Benjamin Thölen* im Januar 2013. Der 40-Jährige stieg morgens um halb sieben in sein Auto und fuhr 285 Kilometer von Berlin nach Hannover. Abends raste er wieder zurück. Thölen pendelte diese Strecke schon länger, aber bisher nur am Wochenende. Jetzt wollte er endlich wissen, ob es nicht auch möglich wäre, jeden Abend im eigenen Bett und vor allem bei der Familie zu schlafen. Doch nach wenigen Wochen schon sah sich Thölen gezwungen, das Verkehrsmittel zu wechseln. Die langen Fahrten im Auto waren nicht nur zu anstrengend, sondern auch unproduktiv. »Die Autofahrten machten mich müde und am Steuer konnte ich zwar telefonieren, aber nicht richtig arbeiten«, sagt er. Thölen war schon nach drei Monaten so entnervt von den täglichen Staus auf der A2, dass er sich eine Bahncard 100 kaufte und mit dem ICE fuhr. Das war im April.

Da schrumpfte die Fahrtzeit plötzlich von gut drei auf unter zwei Stunden, aber wegen der Transfers mit S- und U-Bahn war er dennoch 15 Stunden täglich aus dem Haus. Wenn alles glattlief. Tatsächlich saß Thölen monatelang bis zu vier Stunden pro Strecke in der Bahn. Das Elbehochwasser im Frühsommer 2013 setzte die Bahntrasse zwischen Berlin und Hannover bei Stendal an der Elbe unter Wasser. Monatelang musste die Bahn einen langsameren Umweg über Magdeburg und Braunschweig fahren. Im Juli klagte Thölen zwar, er werde seine Erkältung »seit vier Wochen einfach nicht los«, doch sonst gehe es ihm gut. Thölen klang ziemlich zuversichtlich, sein neues Leben zu meistern.

Er hatte ja auch viel gewonnen. Morgens konnte er endlich wieder seine Kinder in den Berliner Hort bringen. Im Zug arbeitete er gut mit seinem Laptop. Die dennoch verlorene Zeit sparte er zum Beispiel beim Sport ein. Der fiel einfach flach.

Das Experiment ging – so schien es noch im August – auf. Doch dann kam der Herbst. Thölen kannte in Berlin nur noch Dunkelheit und er spürte, wie seine Kräfte schwanden. »Ich hatte einfach keine Energie mehr.« Im November suchte er sich wieder eine kleine Wohnung in Hannover, Mitte Dezember wurde aus dem Tages- ein Wochenendpendler. Das klingt ein bisschen wie zurück auf Los und danach, dass Thölen am Ende des Jahres einfach wieder da ankam, wo er gestartet war. Doch sein Leben ist 2013 aus der Spur geraten. Mit jedem Pendeltag ein bisschen mehr. Im Dezember 2013 fühlt er sich nahe an der Depression, seine Partnerschaft steht auf der Kippe. »Es kann sein, dass wir es nicht mehr schaffen«, sagt er.

Für Thölen wurde das Pendeln zum Beziehungskiller. Das ist insofern tragisch, als er extra für die Familie nach Berlin gezogen ist. Thölen betreibt in Hannover zwei Tankstellen, er hat sich auch in der Hauptstadt um Pachtverträge bemüht, aber der Markt sei wie leergefegt. Seine Partnerin arbeitet im öffentlichen Dienst als Psychologin, ein Umzug kam für sie nie infrage.

Jedes vierte Paar in Deutschland steckt in einem ähnlichen Dilemma. Mindestens einer der beiden ist so viel unterwegs, dass die Mobilität zur Herausforderung für die Beziehung wird. Diese Pendler mögen auf den Job nicht verzichten und auf die Familie erst recht nicht. Natürlich ist das plausibel. Viele würden in ihrer Nähe schlicht keine Arbeit bekommen, vor allem dann nicht, wenn sie auf dem Land leben. Und wer die Liebe seines Lebens gefunden hat, wird kaum der Arbeit wegen von ihr wegziehen. Früher oder später droht dann aber der Konflikt.

Es erwischt selbst Menschen, die sich Privatjet- und First-Class-Flüge leisten können, um ihren Partner für ein paar Stunden zu sehen. Zum Beispiel die Sopranistin Anna Netrebko. Sechs Jahre hielt die Beziehung mit dem uruguayischen Bassbariton Erwin Schrott. Beide wurden als Opern-Traumpaar gefeiert, sangen in New York, Salzburg oder Rom. Dann kam das überraschende Aus: Als Grund nannte Netrebko, die heute vorwiegend in New York lebt, »unsere beruflichen Verpflichtungen und die daraus resultierenden Entfernungen und andauernden Trennungszeiten«. Nun müssen sie künftig zudem organisieren, wer sich wann und wo um den gemeinsamen Sohn kümmert.

Die Planung des Familienalltags ist noch komplizierter für Menschen, die sich nicht an jedem Ort dieser Welt eine Supernanny leisten können. In Thölens Fall wurde das Wochenendpendeln auch erstmals mit der Geburt seiner Kinder problematisch. Von denen bekam er unter der Woche kaum etwas mit. Also entschloss er sich, täglich fast 600 Kilometer zurückzulegen, damit er mehr hat von der Familie.

Thölen hat schließlich schon genug erlebt im Leben, warum sollte ihn das Pendeln schocken? Als Soldat war er Mitte der 90er Jahre für die Nato im Bosnieneinsatz, seit Jahren ist er selbstständiger Unternehmer – aber das Leben als Vielfahrer hat ihm alle Energie geraubt. »Ich habe unterschätzt, wie anstrengend das Fahren wird«, sagt er. Am Ende sorgte vor allem der Zeitmangel für die Beziehungskrise. Mit jeder Reise im ICE hat sich Thölen nicht nur geografisch von der Familie entfernt. »Früher haben wir gemeinsam entschieden, welche Vorhänge wir bei Ikea nehmen, heute geht meine Partnerin einfach los und kauft welche.« Kein Wunder: Ikea hat montags bis sonnabends von 10 bis 21 Uhr geöffnet. Thölen ist unter der Woche nie rechtzeitig für eine gemeinsame Shoppingtour zu Hause und sonnabends fehlt die Kraft. Dann ist er so abgeschlagen und müde, dass er sich nicht einmal aufraffen kann, etwas mit seinen ein und zwei Jahre alten Kindern zu unternehmen. »Wir haben eine Dauerkarte für die staatlichen Museen, da war ich früher dauernd, auch mit den Kindern.« Seit er pendelt, ist er so gut wie nicht mehr hingegangen. Um seinem Selbstbild gerecht zu werden, müsste Thölen auch am Wochenende Höchstleistung bringen. Während seine Lebensgefährtin trotz des eigenen Berufs eine gefühlte Vollzeit-Mutter ist, sich kümmert, wenn die Kinder plötzlich krank werden, das Essen kocht und tagsüber zuhört, wenn die Tränen fließen, muss Thölen mühsam versuchen, Vertrautheit zurückzugewinnen. Er will teilhaben an jüngsten Erfahrungen der Kinder und so viel Nähe aufbauen, dass sie ihn nicht nur wie einen Freund des Hauses, sondern wirklich als Vater anerkennen. Tatsächlich aber kommt Thölen »selbst in der Woche kaum mehr aus dem Bett«. Völlig gerädert wacht er morgens auf, wegen Lappalien fährt er aus der Haut, ständig streitet er sich mit seiner Freundin um Kleinigkeiten: »Jedes Wort legen wir mittlerweile auf die Goldwaage, früher waren wir viel entspannter.«

Hinzu kommt, dass auch in den Tankstellen nicht alles rund läuft. »Ich werde meinem eigenen Anspruch nicht gerecht«, sagt Thölen. Dauernd vergisst er alltägliche Aufgaben und hat wegen der langen Fahrten nicht genug Zeit, sich um die vielen Details des Tankstellenbetriebs zu kümmern. Sei es die Mischung der Reinigungsflüssigkeiten für die Waschanlage oder die pünktliche Absendung der Umsatzsteuervoranmeldungen. Weil sich weder Thölen noch seine Frau vorstellen könnten, ihre Arbeitsstellen aufzugeben, führt am Pendeln kein Weg vorbei. Doch ob es gelingt, die Beziehung zu retten, weiß Thölen nicht. »Einen Versuch ist es wert«, sagt er knapp.

Hunderttausende versuchen Woche für Woche eine bessere Balance zu finden als Thölen in dem anstrengendsten Jahr seines Berufslebens.

Was Pendeln für Beziehungen und Familie bedeutet, hat Heiko Rüger herausgefunden. Er ist Mitarbeiter im Bundesinstitut für Bevölkerungsforschung und hat zusammen mit anderen Wissenschaftlern die größte europäische Erhebung zur Mobilität veröffentlicht. In seinem Büro unweit des Statistischen Bundesamtes beschreibt er, wie es in den über 1600 Pendlern und ihren Familien aussieht, die die Wissenschaftler allein in Deutschland über die Gründe und die Folgen ihres mobilen Lebensstils detailliert befragt haben. Er konnte sich damit einen ganz genauen Überblick verschaffen, was Pendeln für Beziehungen und Familien bedeutet. Demnach sind vor allem Wochenendpendler unter Druck: »Die ständig wiederkehrende Trennung von der Familie – insbesondere von den Kindern – scheint für viele im Rahmen dieser Lebensform eine erhebliche Stressbelastung zu bedeuten.«

Viele versuchen es daher wie Thölen. Sie pendeln täglich, auch wenn das oft anstrengender ist. Immer wieder trifft man deswegen auch Frauen wie Franziska Zeil* im Zug. Sie hat an jenem Donnerstag keine Zeit, über ihr Leben zu sprechen, das gehe am besten freitags. Dann ist ihr Home-office-Tag. Ihr Büro liegt mitten in Berlin, doch dort wohnt sie nicht. Zeil lebt mir ihrer Familie am Rande der Hauptstadt, 25 Kilometer vom Zentrum entfernt. Auf die Frage, warum sie nicht nach Mitte, Kreuzberg oder Prenzlauer Berg zieht, antwortet die 39-Jährige entrüstet: »Sind Sie des Wahnsinns!« Die Kieze der Möchtegernberliner, die meist aus Schwaben oder Hamburg kommen, seien nicht ihre Welt. Während sie das sagt, blickt Zeil in ihren traumhaften Garten – 1600 Quadratmeter Streuobstwiese. Eine Stunde dauert die Fahrt von »meinem Paradies« ins Zentrum Berlins, erzählt sie. Von dort geht es oft weiter. Quer durch Deutschland. Und das schlechte Gewissen reist immer mit. Zeil ist Personalentwicklerin eines großen deutschen Krankenhauskonzerns. Wenn sie abends nach Hause kommt, bleibt »außer Hallo und schönen Abend« wenig Zeit für ihren Partner. Denn Zeil muss sich vor allem um ihren kranken Sohn kümmern. Der fünfjährige Frederik leidet an Diabetes und trägt eine Insulinpumpe. »Wenn die Zuckerwerte schlecht sind, verbringen wir manchmal ganze Nächte im Kinderzimmer.« Die Diagnose war zunächst ein Albtraum für die Eltern, auch weil Herausforderungen wie diese der Horror eines jeden Pendlers sind. Dessen Tag duldet keine Überraschungen.

Dabei hat Zeil eigentlich großes Glück. Ihr Mann ist Freiberufler und hält ihr tagsüber den Rücken frei. Dafür hat er oft Abendtermine und immer wieder wird der Selbstständige von seiner Frau enttäuscht. »Da bin ich dann durch die halbe Republik gereist, fahre pünktlich in den Ostbahnhof ein und am Ende gibt es eine Türstörung, Gleisprobleme oder Signalausfall in der S-Bahn. Dann verfluche ich, dass ich nicht wie manche Kollegen um die Ecke vom Bahnhof wohne«, sagt Zeil. Die Fahrt in die Peripherie ist für Zeil immer aufs Neue ein großes Abenteuer und Produzent großer Mengen Stresshormone, vor allem dann, wenn sie ihren Mann wieder einmal mit ihrer Unpünktlichkeit enttäuschen musste. »Ich habe am Ende einen super Arbeitstag hinter mir und doch den Partner im Stich gelassen. In solchen Momenten frage ich mich dann schon, ob es das wert war.« Zumal die Krankheit des Sohnes eine spontane Auszeit am Wochenende kaum möglich macht. Viele Paare holen die entgangenen gemeinsamen Stunden sonnabends und sonntags nach. Sie haben schon montags früh nur ein Ziel im Kopf: Freitagabend. Dann wird gewandert, gesegelt oder einfach nur gemeinsam gefaulenzt. Zeils Familienleben ist anders. Zweisame Ausbrüche aus dem Alltag mit ihrem Mann sind selten. »Am Wochenende können wir unseren Sohn schlecht bei Nachbarn oder Freunden parken, wie das viele andere Bekannte tun.« Noch fehlt die Erfahrung und Sicherheit im Umgang mit der Krankheit. Frederiks Insulinwerte müssen dauernd überprüft werden, »diese Verantwortung können wir am Wochenende nicht einfach aus der Hand geben«.

Das Pendeln und die Sorge um Frederik führen am Ende jedoch dazu, dass die Partnerschaft zu kurz kommt. Da hilft es zwar ein wenig, dass das Paar seit 15 Jahren verheiratet ist und auf eine stabile gemeinsame Zeit zurückblicken kann, und doch kann Zeil sich kaum daran erinnern, mit ihrem Mann in den letzten Monaten ausgegangen zu sein. »Wir können nicht einfach jedes Wochenende alles hinter uns lassen«, sagt sie. Es kommt auch vor, dass Zeil nachts um eins noch einen Kuchen für Frederiks Klassenfest backt, weil sie nicht den Eindruck erwecken will, nur die eigene Karriere im Kopf zu haben. »Ich fühle mich dann ein bisschen wie Sarah Jessica Parker im Film ›Working Mum‹.« Die kauft eine Torte und zermanscht sie anschließend notdürftig mit einem Nudelholz, streut großzügig Puderzucker darüber und hofft, dass der Kuchen selbstgebacken aussehen möge.

Rüger und seine Kollegin Katharina Becker beobachten einen wesentlichen Unterschied zwischen weiblichen und männlichen Pendlern. Frauen wollen nicht nur im Pendlerleben funktionieren, sondern auch darüber hinaus. Und deswegen neigen diese Frauen, wenn sie schon viel unterwegs sind, deutlich seltener als Männer zum Fernpendeln. »Sie kehren dann täglich nach Hause zurück und stehen, wenn auch eingeschränkt, trotz ihrer Mobilität täglich für anfallende Arbeiten und Erledigungen zur Verfügung«, schreiben die Wissenschaftler in einem Aufsatz. Da wird der Geschirrspüler eingeräumt, der Staubsauger angeschmissen und natürlich gekocht. Diese traditionellen Rollenbilder brechen zwar immer dann auf, wenn beide Partner unterwegs sind, doch sobald Kinder geboren werden, nähern wir uns wieder dem Sozialleben unserer Urahnen an.

Das ist der große Unterschied zwischen Männern und Frauen. Der Mann stürzt sich ins Pendlerleben wie ein Steinzeitmensch in die Jagd. Er fährt los, arbeitet und hat mindestens drei Heldengeschichten im Gepäck. Natürlich gibt es auch viele Männer, die nach der Arbeit noch schnell bei Aldi oder Edeka vorbeifahren oder davor die Küche saugen. Aber einmal zu Hause, ist der Pendler meist so geschafft, dass er am liebsten nur noch fernsehen und schlafen würde. Männer können sich in dieser Welt wunderbar einrichten. Ein Indiz dafür ist auch die Tatsache, dass Männer, die nur einen kurzen Arbeitsweg haben und Alleinversorger sind, die Hausarbeit in drei von vier Fällen wesentlich der Frau überlassen. Wenn Männer viel für die Arbeit unterwegs sind, steigt der Anteil noch einmal an – auf neun von zehn Fällen.

Die Entscheidung darüber, ob sie pendeln, treffen Männer laut Statistik weitgehend unabhängig davon, welchen Familienstand sie haben. Kinderlose Männer mit Partnerin pendeln mit 27 Prozent sogar häufiger als partner- und kinderlose Männer (22 Prozent). Männer mit Partnerin und Kindern sind zu 23 Prozent mobil.

Wissenschaftler wie Rüger sprechen in ihrer Forschung nicht von Pendlern, sondern teilen die Vielfahrer in verschiedene Formen der Mobilität ein. Die negativen Folgen des Pendelns treffen demnach vor allem jene Menschen, die entweder für die einfache Strecke zwischen Wohn- und Arbeitsort mindestens eine Stunde benötigen oder deren Job mindestens 60 Übernachtungen im Jahr außer Haus erfordert. Zu dieser Gruppe zählt heute schon jeder fünfte männliche Arbeitnehmer zwischen 25 und 54 Jahren.

Ganz anders sieht es bei den Frauen aus, haben Rüger und Becker herausgefunden. »Sind 34 Prozent der partner- und kinderlosen Frauen mobil, reduziert sich dieser Anteil für kinderlose Frauen mit Partner auf 27 Prozent und für Frauen mit Partner und Kindern auf sechs Prozent.« Ist das Kind jünger als sechs Jahre, ist der Anteil sogar noch geringer.

Das Pendeln zementiert somit Rollenbilder unserer Gesellschaft, die wir eigentlich längst überwunden glaubten. Ohne dass ein Einzelner dem für sich zustimmen wollte, sorgen die zunehmenden Mobilitätsanforderungen von Unternehmen dafür, dass Frauen viel zu oft noch wählen müssen: Wollen sie Familie oder berufstätig sein? Mobilität, so schlussfolgern Rüger und Becker, ist »im Falle der Männer kaum, im Falle der Frauen hingegen stark durch die Lebensform beeinflusst«.

Während Männer wenig vom Pendeln abschrecken kann, scheint das Pendeln für Frauen fast schon eine Art Verhütungsmittel zu sein. Frauen, die mehr als 30 Minuten täglich für eine Strecke unterwegs sind oder planen, mit einem solchen Pendlerleben zu beginnen, haben seltener die Absicht, schwanger zu werden, als andere Frauen, fanden die Wissenschaftler Johannes Huinink und Michael Feldhaus heraus. Frauen, die beabsichtigt hatten, in den nächsten zwei Jahren ein Kind zu bekommen, haben diese Entscheidung zumindest aufgeschoben, so ein Ergebnis der Studie.

Gut möglich, dass Frauen die Konsequenzen der Mutterschaft fürchten, für einen gewünschten Wiedereinstieg in den Beruf und das Pendeln. Die britische Ökonomin Jennifer Roberts hat beispielsweise gemeinsam mit zwei Kollegen analysiert, warum Frauen deutlich mehr unter dem Stress des Pendelns leiden als Männer. Roberts führt dies vor allem darauf zurück, dass Frauen sich noch stärker um die Familie kümmern: »Vor allem Frauen mit Kindern neigen dazu, ihre Pendelstrecke mit Einkäufen oder dem Umweg zum Kindergarten zu kombinieren.« So ergeben sich weitere Termine, die die Frauen einhalten müssen und sie unter ständigen Zeitdruck setzen. Am häufigsten betroffen sind denn auch Frauen mit Kleinkindern. Der psychologische Stress ist für sie viermal größer als für Väter gleich alter Kinder.

Heinz Scholz* hat jedoch die Erfahrung gemacht, dass auch er dem Familienalltag nicht so leicht entfliehen konnte. Für ein Beratungsunternehmen der IT-Branche pendelte der heute 45-Jährige quer durch Deutschland. Von Aachen aus ging es nach Berlin, Stuttgart oder Ulm. »2005 gab es dann die gelbe Karte von der Familie. Mein Sohn sagte: Papa, das ist unfair, wenn du nie da bist.« Die Beziehung zu seiner Frau war da schon einigermaßen frostig. »Sie machte mir Vorwürfe, weil ich in der Woche praktisch nicht greifbar war«, sagt Scholz. Und noch schlimmer: Selbst am Wochenende war er vorwiegend körperlich anwesend. Denn in der Woche verausgabte sich Scholz völlig. Es fiel ihm extrem schwer, abends loszulassen und zur Ruhe zu kommen, erzählt er. »Die freie Zeit verstrich nutzlos im Hotel, am Wochenende war ich dann völlig erschöpft und erholungsreif.« Scholz versuchte gegenzusteuern, wechselte zu einem Unternehmen, das nur lokale Kunden hatte, doch es war zu spät. 2011 trennte sich das Paar. »Das Pendeln hat sicher dazu beigetragen, dass die Ehe am Ende nicht gehalten hat«, sagt Scholz.

Ganz ähnlich ging es Sascha Koschnitzke*. Er pendelte von 2001 bis 2008 als Wochenendpendler rund 300 Kilometer zwischen Frankfurt und Ulm. In Frankfurt arbeitete er beim städtischen Energieversorger, in Ulm lebte die Freundin. Noch fünf Jahre später erinnert er sich, dass es montags um 6:51 Uhr in Ulm losging und freitags spätestens um 17:50 Uhr zurück. »Das Leben war extrem getaktet.« Koschnitzke redet nicht zufällig in der Vergangenheit, denn das Paar trennte sich 2008. »Das Pendeln war ein durchaus erheblicher Grund, warum die Beziehung nicht gehalten hat«, sagt Koschnitzke. Man lebe sich auseinander, sagt er, »ich habe manches nicht mehr mitbekommen und wir konnten uns über Grundsätzliches nicht mehr hinreichend austauschen. Wenn sich andere Paare auseinanderleben, fangen sie mit dem Tanzen an oder gehen regelmäßig ins Theater, das ging während der Arbeitswoche schlicht nicht.«

Natürlich sind Züge und Autos kein Sammelbecken für frisch geschiedene und unglücklich Verliebte. Doch gerade in den ersten Jahren des Pendelns ist die Chance, dass damit auch der Weg in die Trennung eingeschlagen wird, vergleichsweise hoch. »Bis dass die Arbeit uns scheidet«, hat Erika Sandow von der schwedischen Umeå Universität ihren aufschlussreichen Aufsatz betitelt. Darin weist sie anhand von tausenden schwedischen Pendlerbiografien eindrucksvoll nach, was mit Ehepaaren passiert, wenn ein Partner 30 oder mehr Kilometer zur Arbeit fährt: Die Chance auf eine Scheidung steigt um 40 Prozent gegenüber Nichtpendlern. In den ersten fünf Jahren liegt demnach das Risiko einer Scheidung bei 16 Prozent, im Bevölkerungsschnitt sind es hingegen nur elf Prozent. Eine gewisse Entwarnung kann die Forscherin für Menschen geben, die länger durchhalten. Da sich Menschen irgendwann mit ihren Lebensumständen arrangieren, läge die Wahrscheinlichkeit nach fünf oder mehr Jahren ebenfalls bei rund elf Prozent und entspreche damit genau dem Durchschnittswert aller Scheidungen in Schweden.

Zum Beziehungskiller wird das Pendeln vor allem dann, wenn die Paare vor der Eheschließung noch keine Pendlererfahrung gemacht haben. Dann ist die Chance auf Scheidung mit 16 Prozent vier Prozentpunkte höher als bei Paaren, die schon wissen, was passiert, wenn der Kölner Ring oder die A2 bei Magdeburg Freitagabends überläuft: Kinokarten verfallen, reservierte Tische bleiben unbesetzt, Betten kalt.

Ich selbst bin gespannt, ob der Gutschein für einen Tanzkurs noch akzeptiert wird, den ich meiner Frau vor drei Jahren zum Geburtstag geschenkt habe. Wahrscheinlich wird es einiger Überredungskunst bedürfen, die Tanzschule von der Gültigkeit zu überzeugen. Man kann dieses Versäumnis darauf zurückführen, dass wir seit zwei Jahren Eltern sind. Doch das ist vorgeschoben. Mittlerweile wäre es wegen unserer Tochter kein Problem mehr, einen festen Tag in der Woche für einen Tanzkursus zu reservieren, aber wann? Mal geht meine Frau zum Elternabend, dann bin ich wieder unterwegs, nach Brüssel, Berlin oder Frankfurt. 2014, das ist das große Ziel, soll der Gutschein eingelöst werden.

Schlimmer als die Tanzquote ist in meinem Leben derzeit nur das ehrenamtliche Engagement. Es ist praktisch nicht vorhanden (die Elterninitiative im Kinderhort ist schließlich purer Eigennutz). Was tröstet: Ich bin nicht alleine asozial. Wen immer ich gesprochen habe in der Bahn, an Rasthöfen oder an Flughäfen. Wer viel reist, sorgt sich wenig um das, was die Generation unserer Eltern gern sozialen Kitt nennt, das bürgerliche Engagement. Darunter verstehen Wissenschaftler »ein individuelles Handeln, das sich durch Freiwilligkeit, fehlende persönliche materielle Gewinnabsicht und eine Ausrichtung auf das Gemeinwohl auszeichnet«. Es geht um Mitgliedschaften bei der freiwilligen Feuerwehr, im Technischen Hilfswerk, dem Goethe Institut oder dem Förderverein der Kirche nebenan. Natürlich ist ehrenamtliche Arbeit heute anders als noch vor 20 Jahren. Wer gegen Fluglärm, das Projekt Stuttgart 21 oder gegen die vielfach gefürchtete Übermacht der Finanzindustrie auf die Straße geht, engagiert sich genau so wie der Nachbar, der traditionell Wahlplakate klebt oder das nächste Dorffest organisiert. Doch zählt man alle Tätigkeiten zusammen, dann können wir nur hoffen, dass möglichst wenig Menschen pendeln.

Auch hierzu hat der Soziologe Heiko Rüger umfassend geforscht. Das Ergebnis ist eindeutig. »Der Anteil von Personen, die angeben, keinem Engagement nachzugehen, ist unter den beruflich mobilen Personen mit rund 60 Prozent um fast zehn Prozentpunkte höher als unter den nicht mobilen Personen, bei denen das nur rund jeder Zweite angibt.« Der größte Unterschied findet sich – wen wundert's – bei den stark engagierten Menschen. 17 von 100 Vielfahrern nehmen sich noch die Zeit, ehrenamtlich für die Feuerwehr, im Pflegeheim oder für die Politik zu arbeiten. Jene, die nahe am Arbeitsplatz und Familie leben, tun das in 24 von 100 Fällen. Das kann nur unzureichend damit erklärt werden, dass sich allgemein mehr Männer engagieren und zugleich Männer den größeren Anteil von Pendlern stellen. Auch der Zusammenhang zwischen Wohneigentum und bürgerlichem Engagement (es erhöht sich aus naheliegenden Gründen, wenn ich plane, die nächsten Jahrzehnte im gleichen Kiez zu verbringen) klärt die Diskrepanz unzureichend. Nein, es ist schlicht der Zeitmangel, der es Pendlern unmöglich macht, sich genau so stark für die Allgemeinheit einzusetzen, wie das ihre Nachbarn tun, die um die Ecke arbeiten. Übernachter, also Wochenendpendler, Geschäftsreisende oder Saisonarbeiter, sind oft schlicht nicht vor Ort, wenn die Vereinssitzung beginnt, zumindest können sie es in den seltensten Fällen versprechen. Nur 16 von 100 Übernachtern engagieren sich nach Auswertungen von Rüger und seinen Kollegen ehrenamtlich. Besonders deutlich zeigen sich Veränderungen für all jene, die mit dem Reisestress gerade erst begonnen haben. Jeder Dritte gibt an, sein ehrenamtliches Engagement reduziert zu haben, jeder Fünfte hat es gar beendet. Hier killt das Pendeln also die sozialen Beziehungen in der Nachbarschaft und in Vereinen, die sich bisher wie die Fäden eines Spinnennetzes durch die Städte und Dörfer gewoben haben.

Der US-Soziologe Robert Putnam brachte die Tendenz zur Vereinsamung auf eine traurige Formel – »Bowling Alone«. So lautet der Titel seines Buches, das den Kollaps des sozialen

Gefüges in den USA beschreibt. Alleine Kegeln ist eine ziemlich triste Veranstaltung, doch mit diesem Bild bringt der renommierte Harvard-Professor eine gefährliche Individualisierung auf den Punkt, die er auch auf das Pendeln zurückführt. Der Durchschnittspendler verbringe doppelt so viel Zeit damit, »alleine in Metallboxen durch die Gegend zu fahren« als mit seinen Kindern. Putnam hat anhand von Statistiken zur Freizeitgestaltung analysiert, was passiert, wenn jemand plötzlich länger zur Arbeit fahren muss. Das Ergebnis ist verstörend: Zehn Minuten zusätzliches Pendeln gehen einher mit einer Reduzierung des gesellschaftlichen Engagements um zehn Prozent. Seine These: Auch wenn das Pendeln einen kleineren Einfluss auf ehrenamtliche Tätigkeiten als Bildung habe, so sei Pendeln doch bedeutender als die meisten anderen demografischen Faktoren.

Die 34-jährige Anneke Weßeler ist nach dem Studium in die kleine niedersächsische Gemeinde Hambergen gezogen. Ihr Mann arbeitet 35 Kilometer südlich in Bremen im Einzelhandel, sie ist Lehrerin an der Nordseeküste in Nordenham und für eine Strecke 50 Minuten unterwegs. Warum ist sie nicht mit ihrem Mann nach Bremen umgezogen? »Die einzige Stelle, die ich bekommen habe, war die in Nordenham«, sagt Weßeler. Also einigte sich das Paar auf einen Kompromiss. Sie nimmt das gemeinsame Auto nach Nordenham, er fährt mit dem Rad fünf Kilometer zur nächsten Bahn-Haltestelle und von dort 20 Minuten mit dem Zug nach Bremen.

Weßeler lebte auch schon in Sankt-Peter Ording. Dort absolvierte sie ein freiwilliges ökologisches Jahr an der Schutzstation Wattenmeer. »Das Ehrenamt hat mein Leben mitbestimmt«, sagt sie. Nun würde sie sich gern in der Ortsgruppe des Naturschutzbundes engagieren. Regelmäßig gibt es dort Führungen oder Exkursionen zu begleiten. »Mit meiner Fächerkombination Biologie und Erdkunde wäre das ideal«, sagt Weßeler und bleibt beim Konjunktiv, wenn sie über ehrenamtliche Tätigkeiten spricht. »Da ich zuletzt zwei

Stunden täglich im Auto saß, fehlt mir schlicht die Zeit, mich dafür einzusetzen.«

Der Soziologe Putnam beklagt nicht nur den verständlichen Rückzug der Pendler aus dem Ehrenamt, er geht einen Schritt weiter. In Städten mit einer hohen Pendlerdichte habe man beobachtet, dass selbst Nichtpendler sich seltener engagieren. Nach dem Motto: Wenn die nicht für das Dorfgemeinschaftshaus sammeln, tue ich das auch nicht. Und wenn die Arbeitsplätze nicht in der Nachbarschaft, sondern über einen Radius von 50 Kilometern verstreut sind, »müssen sie sich entscheiden: Verbringst du den Abend mit deinen Freunden oder mit den Kollegen«, schreibt Putnam und führt all das auf die Zersiedelung zurück, die er »ein gesellschaftliches Übel« nennt.

Zum einen koste die Stadt-Umland-Wanderung schlicht Fahrtzeit und entsprechend weniger stehe für Nachbarn, Freunde, Familie und die Gesellschaft zur Verfügung. Zum anderen führe sie zu sozialer Spaltung, da sie den Anreiz nehme, sich beispielsweise für Integration oder über gesellschaftliche Klassen hinweg zu engagieren (vor allem dann, wenn man unter seinesgleichen in Einfamilienhäusern an der grünen Wiese wohnt).

Für Deutschland warnt die Bundesregierung bereits explizit vor einer Polarisierung der Stadtgesellschaft. So sei »der Anteil der Personen mit mittlerem Einkommen in den Großstädten von 64 Prozent im Jahr 2000 auf 55 Prozent im Jahr 2009 gesunken«. Der Mittelstand zieht nämlich oft aufs Dorf. Es sind meist gutverdienende Mittdreißiger, die dort eine Familie gründen wollen oder ihren Kindern ein Leben jenseits vom Stadtlärm bieten wollen. Die damit einhergehende soziale Schere zwischen Arm und Reich soll möglichst nicht weiter auseinandergehen, warnt die Bundesregierung. Sie fürchtet eine Polarisierung, »in Quartieren mit niedrigem Mietpreisniveau, schlechter Bausubstanz und niedriger Wohnqualität«. Diese Tendenzen seien zwar »in Deutschland im internationalen Vergleich noch nicht dominant, aber dennoch muss die Stadtpolitik eine Antwort auf diese auseinanderstrebenden Entwicklungen finden, um soziale Konflikte, wie sie in Frankreich oder in Großbritannien zu beobachten waren, gar nicht erst entstehen zu lassen«.

Von sozialen Brennpunkten hat Oskar Osen zuletzt wenig mitbekommen. Im Gegenteil, Osen hat unter der Woche überhaupt nichts mitbekommen vom normalen Leben in einer Großstadt. Tagsüber arbeitete der Softwareexperte für Airbus in Hamburg-Finkenwerder, abends lebte er fünf Monate am Stück in einem Hotel. Zwar lag dieses direkt an der Hamburger Elbchaussee, aber doch war er furchtbar allein. Das Hotel bezahlte seine Firma, ein recht exklusives, doch das war eher ein Problem. »Je teurer das Hotel, desto anonymer ist es«, sagt der 60-Jährige. Freitags ging es zurück in die Heimat nach Karlsruhe, ehe sonntags wieder der Koffer gepackt wurde. Montags früh saß Osen wieder im Zug. »So interessante Projekte gibt es in Karlsruhe halt nicht.« 40 Wochen im Jahr ist Osen deswegen unterwegs, auch in Berlin oder Wolfsburg hat er schon gearbeitet, ist früher 80 000 Kilometer im Jahr gefahren. Doch erst in Hamburg hat er etwas ganz Grundsätzliches geändert. »Mir ging die Anonymität so auf den Keks, dass ich mir bei einer älteren Frau ein Zimmer zur Untermiete gesucht habe«, erzählt Osen, während sein aufgeklappter Laptop im ICE vor sich hin flimmert. Am Ende landete Osen in einer Zweier-Wohngemeinschaft in Klein-Flottbeck. Abends sitzen er und sein 33-jähriger Mitbewohner oft beim Bier zusammen, davor wird gekocht. »Ich bringe meist direkt was aus dem Elbe-Einkaufszentrum mit«, sagt Osen. »Die Vermieterin hat erst gar nicht erzählt, dass da noch jemand wohnt, aber ich fühle mich sauwohl«, sagt Osen. Seine Botschaft ist simpel. Selbst wer zum Pendeln keine Alternative hat, kann etwas ändern und ausbrechen aus dem gewohnten Trott.

Es lohnt sich, denn schon ein bisschen Kommunikation am Tag kann für bessere Stimmung sorgen. Das zumindest hat Glücksforscher Daniel Kahneman immer wieder beobachtet und plädiert deswegen dafür, möglichst in vertrauten Gruppen zu pendeln: »Es geht nicht um das physische Alleinsein, man sitzt ja im Bus oder im Zug, aber man ist psychisch isoliert. Zusammen mit Leuten sprechen zu können, macht den Pendleralltag deutlich angenehmer.«

Für die 35-jährige Alexandra Müller-Röhr klingt das wie Hohn. Sie würde ja gerne in der Gruppe fahren, aber um von ihrem Wohnort Coburg nach Köln zu kommen, müsste sie dann mit der Bahn fahren. Und dreimal umsteigen. »Für mich gibt es gar keine Alternative, als allein zu pendeln«, sagt sie. Zunächst arbeitete sie in München, dann in Oberfranken und jetzt eben in Köln. Sie hat den Arbeitgeber nie gewechselt, aber in ihrem Fachverlag blieb in den vergangenen Jahren kaum ein Stein auf dem anderen. Anfangs kam ihr das sogar entgegen. Denn mit dem Umzug des Verlags von München nach Oberfranken konnte sie zurück in ihre Heimat ziehen. Nach Köln hingegen würde sie nicht ziehen, obwohl sie als Personalentwicklerin »vor Ort sein muss«. Um montags rechtzeitig im Unternehmen in Köln zu sein, stand Müller-Röhr anfangs um 4:30 Uhr auf und setzte sich dann viereinhalb Stunden ins Auto. »Je früher man fährt, desto schlimmer ist der Verkehr«, sagt sie. Dann aber hat sie zwei Exempel statuiert, die bis dahin in ihrem Unternehmen als unerhört galten. Sie setzte sich montags erst um sieben Uhr ins Auto und entging damit um Frankfurt und vor Köln vielen Staus. Die Konferenz am Montagmorgen findet seitdem ohne sie statt. Müller-Röhr lässt sich von Kollegen auf den neuesten Stand bringen und wenn es essentiell wird fährt sie doch rechtzeitiger hin. Weit wichtiger aber ist die verkürzte Präsenz in Köln. Schon mittwochs abends reist sie, nach zwei Nächten im Hotel, zurück nach Coburg. »Mein Freund telefoniert nicht gerne, wenn wir uns nur am Wochenende sehen würden, könnten wir das nicht durchstehen.« Natürlich sind Donnerstag und Freitag für sie normale Arbeitstage – Telefontage, aber auch Tage, die Müller-Röhr Gelegenheit geben, Dinge zu erledigen, die im Büro ewig liegenbleiben würden.

Doch was macht man, wenn der Job die Präsenz unbedingt erfordert und man sich eigentlich zwischen Beruf und Privatleben entscheiden müsste? Der langjährige Lufthansachef Christoph Franz hatte dafür eine ganz gute Lösung gefunden. »Ich habe mit meiner Frau eine Abmachung, dass ich versuche zweimal pro Woche abends nach Hause zu kommen.« Franz organisierte seine Dienstreisen dann so, dass sie in Zürich, seinem Wohnort, endeten oder er bisweilen recht früh nach Hause fuhr. »Mir ist wichtig, auch abends mit am Tisch zu sitzen. Nicht weil ich dann zu aufregenden Gesprächen aufgelegt bin, sondern weil ich Teil des Alltag sein will. Dass der Papa dabei ist, dass man Teil der Familie ist und nicht der Wochenendpapa, von dem dann Probleme in der Schule ferngehalten werden. Das ist nicht normale Familie.«

Damit er sich gar nicht erst an Frankfurt gewöhnt, hat er sich keine Wohnung gesucht. »In Frankfurt übernachte ich im Hotel. Ich habe immer gesagt, wenn ich ein zu festes Domizil hier habe, dann fehlt der Druck, abends nach Hause zu wollen.« Fünf Jahre hat Franz dieses Leben durchgehalten, dann verkündete der Chef des DAX-Konzerns überraschend seinen Wechsel zu einem Pharmakonzern in die Schweiz. »Das ist eine einmalige Chance, nach fünf Jahren pendeln wieder näher bei meiner Familie in Zürich zu sein«, sagt Franz. Im Mai 2014 sollte der Reisestress ein Ende haben.

Auch ein anderer wichtiger Entscheider, von dem man das nie erwartet hätte, hat 2014 die Notbremse gezogen. Ein Beamter, der schon im Ruf stand, »einer der mächtigsten Männer Deutschlands« zu sein, wie das *ZEITmagazin* schrieb. Sein Name: Jörg Asmussen. Der 47-Jährige war einer von sechs Direktoren der Europäischen Zentralbank und damit Manager der Eurokrise. Asmussen war so einflussreich, dass ein falsches Wort aus seinem Mund genügte, um 2013 für einen kurzfristigen Einbruch der Gemeinschaftswährung zu sorgen.

Dabei ist Asmussen kein Politiker, sondern verströmt die Aura eines typischen Beamten. In sich ruhend, verschwiegen, asketisch. Die Geburt seiner zweiten Tochter in Berlin verpasste er im Oktober 2008, weil er in Berlin eine Pressekonferenz halten musste, um die deutschen Sparer zu beruhigen. Asmussen war da schon Staatssekretär und damit einer der wichtigsten Zuarbeiter des Finanzministers. Seine Karriere hat er anfangs so gnadenlos vorangetrieben, dass die erste Ehe scheiterte. »Du bist nicht nur mit mir, sondern auch mit dem Finanzministerium verheiratet«, sagte seine Frau. 2010 glaubte ihm auch seine heutige Partnerin kaum noch, wenn er sagte: »In drei Monaten ist der Stress vorbei.« Da startete Asmussen längst durch. Er verhandelte die Rettung von Quelle, Opel, der Commerzbank und des Euro mit. Im Herbst 2011 die nächste Beförderung. Asmussen wurde in das Direktorium der Europäischen Zentralbank berufen. Vor der Bundestagswahl 2013 wurde er schon als nächster Finanzminister gehandelt. Bundeskanzlerin Angela Merkel soll bis heute seinen Rat schätzen und für sie ist es vielleicht eine gute Nachricht, dass die Wege nun wieder kürzer werden.

Denn Asmussen hat sich gegen die letzte Stufe der Karriere entschieden und für die Familie. Völlig überraschend verkündete Asmussen seinen Rückzug aus dem EZB-Direktorium in Frankfurt, um ins Arbeitsministerium nach Berlin zu wechseln. Als Staatssekretär im Ministerium warten weiterhin 70-Stunden-Wochen auf ihn. Aber vor allem morgens auch ein ganz normaler Alltag. Nicht einmal an allen Wochenenden hatte Asmussen seine Kinder zuletzt gesehen. »Ich bin für die Arbeit allein 2013 rechnerisch rund zehnmal um den Globus geflogen. Als Dauerpendler habe ich nicht mehr regelmäßig am Familienleben teilgenommen. Ich war einfach raus«, sagt er. Es kam vor, dass Asmussen seine Tochter anrief, um einfach mal wieder ihre Stimme zu hören. Einmal sagte die 8-Jährige: »Ich telefoniere in der Woche nicht mehr mit dir. Wenn du was willst, musst du herkommen, Papa.« Eine andere Erfahrung beschreibt er so: »Als ich an meinem Geburtstag im möblierten Apartment aufwachte und Schoko-Müsli mit H-Milch frühstückte, weil der Kühlschrank sonst leer war, war klar: Das ist nicht das Leben, von dem ich mal geträumt habe.« Man kann ziemlich genau sagen, was Asmussen das Ende seiner Pendelbeziehung kosten wird. Er wird 150000 Euro pro Jahr weniger verdienen. Für ihn kein Problem: »Wir können von einem Staatssekretärsgehalt sehr gut leben. Geld allein macht nicht glücklich.«

Glück bedeutet für ihn, morgens mit den Kindern den Schrank nach etwas zum Anziehen zu durchsuchen, dann mit den Töchtern zu frühstücken, Zähne zu putzen und entweder die eine zur Schule oder die andere zur Kita zu fahren. Mit dem Rad fährt er von seiner Wohnung in Prenzlauer Berg in rund 20 Minuten bis ins Ministerium in der Wilhelmstraße. »Gegen 8:15 Uhr bin ich im Büro. Ich arbeite nicht weniger als früher in Frankfurt, aber hatte morgens schon anderthalb Stunden mit der Familie.« Asmussen sagt, dass er vielleicht sensibler geworden ist, weil er schon eine Ehe der Karriere geopfert hat. »Wenn man einmal gescheitert ist, wird man sensibler. In der Beziehung zu meiner Partnerin hätten wir den Pendleralltag vielleicht noch gemeistert, aber mit zwei Kindern ist dauerhaftes Pendeln für mich unmöglich geworden.« Es hat lange gedauert, bis in Asmussen diese Erkenntnis reifte. Knapp zwei Jahre war er EZB-Direktor, ehe er im Sommer 2013 mit seiner Frau beschloss: »So geht es nicht weiter.« Asmussen hatte einen Vertrag bis 2019. »Dann wäre die jüngste Tochter 12 Jahre alt gewesen und ich hätte zu viel von ihrem Leben verpasst.« Selbst jemand wie Asmussen, der sein Leben als »Pendeln de Luxe« beschreibt, weil er sich jederzeit einen Flug leisten konnte, sich keine Sorgen um Telefonrechnungen machen muss, stets in den teuersten Hotels übernachten und morgens in der edlen Kantine der Europäischen Zentralbank frühstücken kann, klagt am Ende über die gleichen Probleme wie der Dauerpendler und Tankstellenbesitzer Benjamin Thölen. Der Ausweg ist für den Topmanager sicher leichter, weil er sich um Jobangebote und damit um seine Zukunft keine existenziellen Gedanken machen muss. Doch den Gefahren des Pendelns sind alle ausgesetzt. »Wir lebten in zwei getrennten Welten: In Frankfurt war die Arbeit, in Berlin das Leben. Ich hatte überhaupt kein soziales Leben in Frankfurt. Da wurde nur gearbeitet«, sagt Asmussen.

Was aber können all jene tun, die erst noch am Anfang einer Pendelbeziehung stehen? Richard Glotzer und Anne Cairns Federlein haben davon eine klare Vorstellung. Beide sind nicht nur Wissenschaftler an amerikanischen Universitäten, sondern auch Dauerpendler. In einem vielbeachteten Aufsatz gaben sie künftigen Pendlern Tipps, wie diese schon im Vorfeld den typischen Gefahren für das Familienleben (Zeitmangel, übermäßiger Stress und Beziehungskrise) begegnen können.

Im ersten Schritt raten sie Familien dazu, eine Bestandsaufnahme zu machen: Was sind Stärken und Schwächen des Zusammenlebens und wo lauern Gefahren? Da Familienmitglieder, wie alle Menschen, dazu neigen, die anstrengenden Fahrten zu unterschätzen, werden aus Kleinigkeiten schnell unvorhergesehene Hürden. Erhöhte Temperatur des dreijährigen Sohnes wird zum Desaster, wenn der Vater durch die halbe Republik fährt und die Mutter ihrerseits einer Präsentation in der Firma entgegenfiebert. Ist dann kein Babysitter in der Nähe, ist der Familienkrach garantiert. Diese Szenarien sollten werdende Pendler ebenso durchspielen wie die Fahrt zur Arbeit. Wer in Hamburg lebt und einen Job in Düsseldorf anfängt, sollte mal Montag früh probefahren. »Es lohnt sich, diese Zeit und Ressourcen zu investieren, ehe die Karriere und damit verbundene Fernbeziehungen geplant werden«, schreiben die Autoren.

Die schleichende Entfremdung vom Partner im Griff zu haben, ist für Andreas Erwig der wichtigste Überlebenstipp als Pendler. Erwig ist Manager beim Navigationshersteller TomTom und pendelt zwischen Frankfurt und Berlin. Am Main fühlt er sich zu Hause. Seine Familie lebt dort und viele seiner Freunde. Dann aber erzählt Erwig: »Eigentlich lebe ich zwei Leben.« Denn in Berlin, da wo der TomTom-Manager arbeitet, hat er sich mit Kollegen angefreundet, geht ins Kino oder mal ein Bier trinken. Das Problem: »Meine Frau bekommt von diesem Leben überhaupt nichts mit.« Die Leben ereignen sich in einer anderen Stadt, zu anderen Zeiten und anderen Rahmenbedingungen. Lange empfand Erwig dies als eine große Belastung, bis er auf die Idee kam, seiner Frau die Parallelwelt zu zeigen. »Wir besuchen uns nun sehr oft gegenseitig, um dem Partner eine Chance zu geben, nicht abgehängt zu werden.« Wenn Erwig nun seiner Frau vom Italiener um die Ecke erzählt, »weiß sie, wovon ich rede«. Nur so, glaubt Erwig, ist die dauernde Trennung auszuhalten. »Vor allem hat man sich mehr zu erzählen, wenn beide wissen, welche Menschen, Theater oder Kneipen gerade gemeint sind«, sagt Erwig. Der Vielfahrer hat noch eine andere Überzeugung, die sich mit den Erfahrungen von all jenen Pendlern deckt, die meinen, ihr Leben im Griff zu haben. »Ich bin mindestens einen Tag in der Woche zu Hause, das geht problemlos, Freitag ist für mich zum Telefontag geworden.«

Zum Beziehungskiller wird das Pendeln, wenn sich der Pendler durch die Fahrten und den Beruf so viel Freizeit raubt, dass er den kläglichen Rest nicht mal mehr mit der Familie teilen mag. Weil er nicht will oder weil er wie der Extrempendler Benjamin Thölen körperlich nicht mehr kann.

Kapitel 6

Irrsinn Pendlerpauschale

Heino Hambrecht kostet den Staat ein Vermögen. Seit 2007 sind es Jahr für Jahr 2,5 Milliarden Euro. Der 42-jährige Bäcker klagte gegen eine Reform der Pendlerpauschale. Die damalige Große Koalition hatte das Steuerprivileg für Vielfahrer abgeschafft. Nur in Härtefällen ab dem 21. Kilometer sollten Steuerzahler weiterhin 30 Cent Werbungskosten je Kilometer Anfahrtsweg geltend machen können. Hambrecht schätzt heute, dass ihn und seine Frau die Reform ungefähr 800 Euro im Jahr gekostet hätte. Doch so weit kam es nicht. Unterstützt von einem Lohnsteuerhilfeverein klagte sich Hambrecht durch die Instanzen bis vor das Bundesverfassungsgericht. Als er und eine Handvoll weitere Kläger recht bekamen, wurde Hambrecht von der *BILD*-Zeitung als »Steuerheld« gefeiert.

Die Richter kassierten das Gesetz und forderten entweder eine Rückkehr zur alten oder eine völlig neue Regelung. Die Bundesregierung entschied sich für die frühere und zementierte damit eine Verkehrspolitik von gestern. Noch vor dem Urteil prophezeite *DER SPIEGEL:* »Die deutsche Pendlerpauschale hat den Kalten Krieg überlebt, sieben Bundeskanzler und den Mauerfall ... Womöglich wird Deutschland nie funktionieren ohne die Pendlerpauschale.« Wahrheit und Dichtung ganz nah beieinander. Es stimmt ja, die Pendlerpauschale hat sich seit Jahrzehnten etabliert und ist die einzige Freude der meisten Berufstätigen, wenn die Abgabe der Steuererklärung wieder fällig wird. Wahr ist aber auch, dass Deutschland besser funktionieren würde ohne diese Unterstützung. Ihre Beständigkeit verleitet dazu, sie in die Lebensplanung als Einnahme einzupreisen, wenn man raus zieht aufs Land. Ihre Ausgestaltung ist ungerecht. Gerade die einkommensschwachen Pendler, die sich die vielen Fahrten finanziell kaum leisten können, gehen schließlich leer aus. Sie zahlen oft gar keine Einkommensteuer. Auf die aber wird der Steuerabzug berechnet. Und die Pendlerpauschale ist auch eine Form von Willkür. Wer hilft der Gesellschaft mehr, fragen Ökonomen wie Thomas Straubhaar sinngemäß: der Arbeitslose, der die kranke Ehefrau auf eigene Kosten zur Psychotherapie fährt, oder der Topmanager aus Lüneburg, der zur Arbeit nach Hamburg pendelt und dies großzügig vom Staat bezuschusst bekommt? Für den Berliner Mobilitätsforscher Andreas Knie ist die Pendlerpauschale »ein süßes Gift«, weil sie Menschen dazu anregt, »ein Leben zu führen, das anderen letztlich schadet. Je weiter sie weg von der Arbeit wohnen und je höher ihr Einkommen ist, desto mehr Geld bekommen sie vom Staat. Das ist ein unglaublicher Skandal«, sagt er. Selbst der Glücksforscher Daniel Kahneman ist skeptisch, ob Steuererleichterungen das Leben für Pendler verbessern. »Menschen zum Pendeln zu ermuntern, macht weniger Sinn, als sie dazu anzuregen, nicht zu pendeln«, sagt er mit Blick auf all die Belastungen, denen Pendler täglich ausgesetzt sind.

Warum hat das Bundesverfassungsgericht trotzdem anders geurteilt? Wahrscheinlich, weil es Pendlerbiografien wie die von Heino Hambrecht gibt. Der 42-Jährige fährt seit über zehn Jahren von seinem Häuschen in Ravenstein am Südostrand des Neckar-Odenwald-Kreises 70 Kilometer Autobahn bis Freiberg. Dort arbeitet er in einer Großbäckerei der Stuttgarter Franchisekette »Stefansbäck«. Seine Schicht beginnt um 18 Uhr, um 2:10 Uhr ist er meist wieder auf dem Weg zur Autobahn. Natürlich gibt es auch im Ort eine Bäckerei, aber dort hätte Hambrecht nie anfangen können. Er leidet an einer Mehlallergie. »In der Großbäckerei backe ich nur Kuchen, Torten und Tiefkost-Teiglinge. Dabei wird kein Mehl freigesetzt«, sagt Hambrecht. Noch etwas fügt er hinzu: »Von dem Geld, was die örtlichen Bäckereien zahlen, könnte ich kaum leben.« Auch ein Umzug kam für Hambrecht nie infrage. »Das Argument zieht nicht«, sagt er und erzählt dann von seiner Frau. Sie arbeite schließlich für die Stadtverwaltung in Lauda-Königshofen. Das sind von zu Hause aus 37 Kilometer, allerdings in die andere Richtung.

Für Menschen wie Hambrecht ist die Pendlerpauschale vor fast 100 Jahren erfunden worden. Schon das Preußische Oberverwaltungsgericht urteilte damals: »Wenn der Erwerbende sich nicht zu seiner Arbeitsstelle begibt, so verdient er auch nichts.« Hambrecht klingt heute ganz ähnlich: »Wir haben uns Arbeit gesucht, wie der Staat es doch will, und nicht jeder kann neben dem Werkstor wohnen.« Darum aber geht es ja gerade im Streit um die Pauschale. Denn die Finanzämter taten 2007 so, als ob die Arbeit erst am Werkstor und nicht schon beim Verlassen des Hauses beginnt. Kosten für die Fahrt zur Arbeit sollten demnach nicht mehr bei der Steuererklärung geltend gemacht werden können. Deutschland stünde damit nicht allein, auch in anderen Ländern dürfen Arbeitnehmer die Fahrtkosten nicht anrechnen. Vor allem die Vereinigten Staaten dienen als Vorbild für diese Sichtweise.

Das Bundesverfassungsgericht gab jedoch Hambrecht recht. Der Grund: Das deutsche Einkommensteuerrecht beruht auf dem so genannten Nettoprinzip. Danach wird die Steuerschuld grundsätzlich nach der Höhe der jährlichen Einnahmen bemessen. Von diesen Einnahmen sind beruflich oder betrieblich veranlasste Aufwendungen abzuziehen. Das Gericht betonte, dass dieser Grundsatz auch in Bezug auf die Aufwendungen, die Pendlern entstehen, gelten müsse.

Natürlich ist das damals auch den Politikern klar gewesen, die die Entfernungspauschale für die ersten 20 Kilometer abschaffen wollten. Auf einen Schlag hätte das dem Fiskus 2,5 Milliarden Euro gebracht; über 15 Millionen Pendler wären betroffen gewesen.

Doch mit der Fahrt zur Arbeit ist es so eine Sache. Was, wenn die berufstätige Mutter ihre Kinder noch schnell vom Chinesischkursus abholt oder der Manager nach der Arbeit bei Aldi Gewürzgurken kauft?

Man muss dazu wissen, dass die Entfernungspauschale seit rund zehn Jahren auch in der Politik sehr umstritten ist.

Im Sommer 2003 schlug der damalige Finanzminister Hans Eichel vor, die Pendlerpauschale für die ersten 20 Kilometer auszusetzen und ab dem 21. Kilometer zu kürzen. »Kürzere Fahrten hätten die Arbeitnehmer mit ihrem Pauschalbetrag verrechnen können«, sagt Eichel heute. In seiner ersten Amtszeit schaffte er zunächst das Kilometergeld ab. »Im Grunde war das ein Entkriminalisierungsgesetz«, sagt Eichel rückblickend. Damals fuhren viele in Fahrgemeinschaften oder mit dem Fahrrad zur Arbeit, rechneten aber die Fahrt mit dem eigenen Auto ab. Für Autofahrten zahlte das Finanzamt schließlich mehr als für die eigene Strampelei mit dem Rad. Die Entfernungspauschale, die seit 2001 gewährt wird, unterscheidet nicht mehr zwischen Verkehrsmitteln. Die nächste Reform, also das Aussetzen der Pauschale für Menschen, die ganz nahe an ihrem Arbeitsplatz wohnen, gelang Eichel nicht mehr. »Meine Fraktion hat sich dagegen ausgesprochen.« Damit wäre das Thema normalerweise tot gewesen.

Dann aber legten die damaligen Ministerpräsidenten Peer Steinbrück (SPD, Nordrhein-Westfalen) und Roland Koch (CDU, Hessen) im September 2003 eine Liste von Subventionen vor, die langfristig gestrichen werden sollten. Obwohl die Entfernungspauschale von der Bundesregierung nicht als Subvention aufgeführt wurde, bezogen Koch und Steinbrück ebendiese Pauschale explizit in ihre Liste mit ein. Als dann der Bundeshaushalt 2005 in zunehmende Schieflage geriet, verständigte sich die Große Koalition auf die Abschaffung der Pendlerpauschale. Der damalige Finanzminister Peer Steinbrück schlug am Ende einen Kompromiss vor. Für die ersten 20 Kilometer gab es nichts, ab dem 21. Kilometer eine Pauschale von 30 Cent.

Roland Koch, der damals eng mit Steinbrück zusammenarbeitete, sagt rückblickend: »Natürlich war es nicht einfach, eine bewusste Grenze festzulegen. Aber wir waren der Ansicht, dass 20 Kilometer auch der Umkreis ist, in dem die meisten Menschen ihr soziales Netz aus Freundschaften, Sportvereinen und anderen Hobbys aufrechterhalten.« Für Koch und Steinbrück ging es darum, eine Bagatellgrenze abzustecken, sie hielten die Pendlerpauschale »für eine Vergünstigung, die für viele längst zur Selbstverständlichkeit geworden war«. Vehement verteidigten beide in Zeitungsartikeln die Regelung, wonach künftig das Werkstorprinzip gelte: »Die Arbeit beginnt an der Arbeitsstelle, der Staat mischt sich ja auch nicht in die Wohnortwahl ein.« Damit waren die beiden schon ganz nah dran am angelsächsischen Modell. In den Vereinigten Staaten und in Großbritannien ist die Pendlerpauschale nämlich ganz einfach geregelt. Es gibt sie nicht. Aber in Deutschland gab es Heino Hambrecht, den »Steuerhelden«, und dann das Karlsruher Urteil.

Und heute? Sechs Jahre nach dem Richterspruch gibt sich das Finanzministerium erstaunlich zahm – und pendlerfreundlich. Die schriftliche Antwort des Sprechers auf eine Anfrage klingt abwägend wie ein Plädoyer im Gerichtssaal. »Die dem Steuerpflichtigen entstehenden Kosten für die Fahrten von der Wohnung zu einer ersten Tätigkeitsstätte sind Aufwendungen im Schnittbereich zwischen beruflicher und privater Sphäre.« Weil das Finanzamt nicht jedem Autofahrer hinterherfahren kann, um zu prüfen, welche Fahrt nun privat oder beruflich veranlasst ist, hat es eine andere Lösung gefunden und natürlich auch einen technischen Begriff dafür: die Begrenzung des Werbungskostenabzugs. Einfach ausgedrückt wird die Entfernungspauschale unabhängig von den tatsächlich entstehenden Kosten sowie unabhängig vom gewählten Verkehrsmittel gewährt. Steuerpflichtige Arbeitnehmer und Selbstständige können daher die Aufwendungen für die Wege zwischen Wohnung und erster Tätigkeitsstätte pauschal über die Entfernungspauschale von 30 Cent je Entfernungskilometer absetzen – also nur für die einfache Wegstrecke. Der Fahrradfahrer genauso wie der S-Klasse-Fahrer. Ja selbst wenn drei VW-Mitarbeiter eine Fahrgemeinschaft bilden, können sie am Jahresende alle drei die Strecken abrechnen. Wer mitfährt, darf höchstens 4500 Euro abrechnen. Wer auch mal selber fährt, zählt erst die Tage zusammen, an denen er mitgefahren ist, und kann dann noch die eigenen Fahrten abrechnen. So kann der Betrag von 4500 Euro sogar noch überstiegen werden. Das Finanzministerium begründet das wie folgt: »Mit der Entfernungspauschale werden Lenkungszwecke zum sparsameren Umgang mit den knappen Energieressourcen verfolgt: Es soll auch ein Anreiz gegeben werden, die kostengünstigste und umweltfreundlichste Alternative zu wählen.«

Philipp Grönefeld ist einer von über 70000 Menschen, die morgens nach Wolfsburg pendeln und damit ein bisschen selbst dafür sorgen, dass der große Arbeitgeber am Ort so viel zu tun hat. Denn der 34-Jährige reist morgens mit dem Auto aus Hannover an. Und schon gehen die Probleme los. Allein das Stammwerk am Konzernsitz ist sechs Quadratkilometer groß, das entspricht 840 Fußballfeldern. »Wenn ich dort keinen guten Parkplatz bekomme, brauche ich eigentlich noch ein Fahrrad, um zu meinem Arbeitsplatz zu kommen«, sagt Grönefeld. Doch er hat längst eine bessere Lösung gefunden, mit der er als Pendler noch lange überleben kann.

Grönefeld ist Teil einer Fahrgemeinschaft und das hat für ihn zwei große Vorteile. Seit einiger Zeit bietet VW seinen Pendlern so genannte Mitfahrerparkplätze an, die nur von Beschäftigten genutzt werden dürfen, die drei oder mehr Personen im Auto haben. »Wegen der zentralen Lage spart uns das zehn bis 15 Minuten«, sagt Grönefeld. Morgens geht er um 6:40 Uhr aus dem Haus und trifft sich wenig später mit seinen Kollegen an einer Tankstelle ganz nah am Messeschnellweg. »Über den Daumen gepeilt, fahre ich zweimal die Woche selbst«, sagt Grönefeld. Damit spart er eine Menge Geld und bleibt fast so flexibel, als wenn er alleine fahren würde. Auf Zuruf organisieren er und sieben weitere junge Ingenieure die Fahrten. Das klappt, obwohl niemand feste Arbeitszeiten hat. »Je nach Bedarf fahren wir mit einem oder zwei Autos, die meistens voll sind«, sagt Grönefeld. Nicht jeder von ihnen hat überhaupt ein Auto. Manche Kollegen kaufen sich einfach ein und zahlen zwischen 10 und 11 Euro am Tag – das entspräche dem Kilometersatz, den der ADAC Mitfahrern für die entsprechende Strecke empfiehlt, sagt Grönefeld.

Allein an diesem kleinen Beispiel merkt man schon, wie merkwürdig die Ausgestaltung der Pendlerpauschale ist. Mal angenommen, die VW-Kollegen fahren 200-mal im Jahr nach Wolfsburg. Dann zahlt ein Mitfahrer dieser Fahrgemeinschaft 2000 Euro. Zugleich kann er 4500 Euro von der Steuer absetzen und spart damit bei einem niedrig angesetzten Grenzsteuersatz von 30 Prozent rund 1500 Euro Steuern im Jahr. Das heißt nichts anderes, als dass ein Mitfahrer einer Fahrgemeinschaft 500 Euro im Jahr dafür zahlt, morgens 90 Kilometer zur Arbeit zu fahren und abends wieder zurück. Oder auf die tägliche Fahrt heruntergerechnet: 2,50 Euro. Für diesen Fahrpreis kommt man in vielen Städten höchstens mit dem Bus zum Hauptbahnhof.

Und wie begründet das Finanzministerium dieses Steuergeschenk? Mit dem Instrument der Entfernungspauschale, so heißt es aus dem Ministerium, werde zum Beispiel »die aus dem Gesichtspunkt des Umweltschutzes wünschenswerte Bildung von Fahrgemeinschaften, die Nutzung von Fahrzeugen mit niedrigem Verbrauch und der öffentliche Personenverkehr unterstützt«.

So wünschenswert Fahrgemeinschaften sind, so umweltschädlich ist es auch, täglich 200 Kilometer Auto zu fahren, nur um zur Arbeit zu kommen. Sei es nun mit einer oder vier Personen im Auto. Zumal die Finanzbeamten noch eine Ausnahme in die geltende Regel geschrieben haben. Während Bahn- oder S-Bahnfahrer höchstens 4500 Euro im Jahr steuermindernd geltend machen können (die tatsächliche Ersparnis richtet sich dann nach dem Steuersatz), können Autofahrer unbegrenzt Kosten abziehen.

Natürlich soll das jeder selbst entscheiden. Aber muss der Staat diese Art der Mobilität noch fördern? »Ja«, sagt Hans

Eichel. »Das muss er.« Eichel war nicht nur Finanzminister, sondern auch 16 Jahre lang Oberbürgermeister von Kassel, wo er heute noch lebt. »Als Bürgermeister war ich immer gegen das Kilometergeld. Die Städte wollen nicht, dass die Menschen nur morgens zur Arbeit kommen und abends wieder wegfahren.« Doch als hessischer Ministerpräsident hat er auch die Nöte der Landkreise ernst nehmen müssen. Und die jener Menschen, die sich ein Leben in der Stadt, vor allem in Frankfurt, nicht leisten konnten. »Gerade jetzt, wo vielerorts die Mieten rasant steigen, weil über Jahre der soziale Wohnungsbau vernachlässigt wurde, könnte eine Abschaffung der Pendlerpauschale zu einem großen sozialen Problem werden«, warnt Eichel.

In manchen Pendlerfällen hat Eichel sicher recht, in vielen aber nicht. »Bei der Wahl des Wohnorts überwiegen ganz überwiegend letztlich private Motive. Es würde ausreichen, Fahrtkosten pauschal in der Steuererklärung zu berücksichtigen. Etwa, indem die Fahrtkosten für typische Entfernungen oder die Kosten des öffentlichen Nahverkehrs mit festen Beträgen angesetzt werden.« Zu dieser Einschätzung kommt Stefan Bach, der seit über 20 Jahren wissenschaftlicher Mitarbeiter am Deutschen Institut für Wirtschaft ist und sich dort vor allem mit der Finanz- und Steuerpolitik beschäftigt. Die Debatte um die Pendlerpauschale, sie verfolgt Bach fast schon sein gesamtes Berufsleben lang. Die Bundesregierung hätte in den vergangenen Jahren ein Gesetz schreiben können, das den Ansprüchen des Bundesverfassungsgerichts genügt. Statt die Pendlerpauschale zu erhöhen, ist Bach für eine Kürzung. »Nach wie vor sprechen umwelt- und verkehrspolitische Ziele dafür, die Pauschale einzuschränken und auf Dauer abzuschaffen, um Verkehrsströme und Zersiedelung langfristig zu begrenzen.«

Der Steuerexperte sieht in der Pendlerpauschale vor allem ein etabliertes Geschenk für die Mittelschicht in Deutschland: »Die Pendlerpauschale nimmt jeder gerne mit.« Und für Politiker ist die Pauschale ein dankbares Mittel, um sich beliebt zu machen. »Die Landesfürsten der Flächenländer, gleich welcher Coleur, verteidigen die Pendlerpauschale mit Zähnen und Klauen. In den Volksparteien ist das Thema daher völlig unsexy. Wahlen kann man damit nicht gewinnen, aber verlieren.«

Anton Hofreiter ist selbst Dauerpendler. Aufgewachsen in Sauerlach, südlich von München, fährt der Fraktionschef der Grünen im Bundestag heute regelmäßig zwischen seinem Wahlkreis München-Land und Berlin hin und her. Der 44-Jährige ist seit Jahren ein entschiedener Gegner der Pendlerpauschale, »weil diese Subvention die deutsche Siedlungsstruktur aufweicht«.

Ein Beispiel aus der Landwirtschaft genügt, um zu verstehen, wie sich die bayerische Landschaft verändert. Als Hofreiter gerade ein Jahr alt war, da gab es in seinem Bundesland 324 000 Bauernhöfe. Heute sind es wenig mehr als 90 000. Die Arbeitsplätze sind abgewandert. Raus aus den Dörfern, hinein in die Städte. Die Pendlerpauschale könne diesen Trend nicht aufhalten, sagt Hofreiter. Er beschreibt den Streit darum in seiner Heimat als eine ideologische Debatte. »Die ländliche Vorstellung, städtisch zu werden, wird in Teilen Bayerns als ein Angriff auf die Kultur gesehen.«

Auch Roland Koch hat gespürt, woher der meiste Gegenwind kam. Als er gemeinsam mit Steinbrück für sein Modell der Pendlerpauschale stritt, kam der größte Widerstand aus der Münchener Staatskanzlei. Dabei waren die Vorschläge der beiden Politiker ja noch vergleichsweise harmlos. »Wir wollten schließlich keine Entvölkerung der ländlichen Regionen provozieren«, sagt Koch. Beide einte eine Idee: Wofür brauchen die Menschen den Staat und was muss er künftig zahlen? Bezogen auf die Pendlerpauschale lautete die Antwort der Pragmatiker: Für die ersten 20 Kilometer könnte eigentlich jeder Arbeitnehmer selbst sorgen.

In Bayern hingegen, wo die stärksten Verteidiger der rückwärtsgewandten Politik leben, hat Finanzminister Markus Söder (CSU) gerade ein Heimatministerium eröffnet. Nicht in

München, sondern in Nürnberg, 170 Kilometer nördlich der bayerischen Landesregierung. Erstmals seit 1806 sei außerhalb Münchens ein Regierungssitz etabliert worden, frohlockte Söder, dessen Heimat Nürnberg ist. Söder verlagerte kurzerhand Teile seines Ministeriums. Neben der Verwaltung der Staatsbäder ist nun auch die Abteilung für Landesentwicklung in Franken angesiedelt. Söder hatte keine Zeit für ein Gespräch. Er ist halt viel unterwegs als Superminister der Heimat und der Finanzen.

Doch die Heimat, in der er aufgewachsen ist, zu konservieren, das wird ihm kaum gelingen. Die Peripherie Bayerns ist wie eine Münze, die auf einen Magneten trifft. Irgendwann wirken Anziehungskräfte, die die Menschen Richtung Städte ziehen. Der Magnetkern ist der Großraum München. »Den Landkreis München charakterisiert hohes Verkehrsaufkommen, hohe Immobilienpreise und ein enormer Flächenverbrauch«, sagt Hofreiter. Zwei Fußballfelder täglich würden dort verbaut und am Ende meist mit ebenso flächenintensiven Straßen verbunden.

Seit Jahren fordert Hofreiter Alternativen zum Auto, vor allem eine pünktlichere und günstigere S-Bahn, die weit in den Landkreis hinein verlängert werden sollte. Dafür aber fehlt das Geld. Kein Wunder, sagt Werner Reh, der beim Bund für Umwelt und Naturschutz (BUND) die Verkehrs- und Siedlungspolitik leitet: »Es wird halt falsch verteilt.«

Reh nennt die heutige Pendlerpauschale zutiefst unsozial. Wenn er diese Meinung in Diskussionsrunden vertritt, steht er meist alleine. Aber die Zahlenbeispiele, die er in die Runde wirft, sind sehr anschaulich: Wer gut verdient und täglich nur 30 Kilometer mit dem Auto zur Arbeit pendelt, kann sein zu versteuerndes Einkommen um 2070 Euro mindern und bekommt – bei einem Monatslohn über 4375 Euro – rund 870 Euro im Jahr erstattet. Verdient er hingegen weniger als 700 Euro im Monat, bekommt er gar nichts zurück, selbst wenn die Fahrtkosten die gleichen sind. Reh glaubt, dass die Pendlerpauschale den Menschen das falsche Signal gibt.

»Wohnortwechsel werden zu selten genutzt, um näher an den Arbeitsplatz zu ziehen. Im Gegenteil«, sagt Reh, »die Wege werden sogar immer länger.« Daten des Statistischen Bundesamtes bestätigen das. 1996 lebten noch 52,3 Prozent der Berufspendler weniger als 10 Kilometer vom Arbeitsort entfernt. Heute trifft das nur noch auf 41 Prozent aller Pendler zu.

Reh plädiert daher seit Jahren für eine ganz andere Ausgestaltung der Entfernungspauschale. Er fordert die Pendlerzulage. Sie würde Rücksicht nehmen auf die Mobilitätsanforderungen für Arbeitnehmer und trotzdem klare ökologische Anreize setzen: »Die Entfernungszulage würde sich mit zunehmender Entfernung vom Arbeitsort vermindern. Das Wohnen am Arbeitsplatz sollte schließlich belohnt werden«, sagt Reh. Nach dem Modell des BUND würden Pendler, die 20 Kilometer bis zur Arbeit haben, 460 Euro im Jahr erstattet bekommen (10 Cent je Kilometer), wer 50 Kilometer entfernt wohnt, bekäme 690 Euro (sechs Cent je Kilometer). Vor allem Geringverdiener könnten davon profitieren. »Anders als bisher könnte diese Zulage im Vorhinein beantragt und ausgezahlt werden, statt sie wie bisher erst im Jahressteuerausgleich geltend machen zu können«, sagt Reh. Man kann sich vorstellen, welcher Aufschrei durchs Land ginge, wenn sich die Politik wirklich darauf einließe, aber man mag sich kaum ausdenken, was der Bund der Steuerzahler in Bewegung setzte, wenn Thomas Straubhaar mit seiner Idee Gehör fände.

Straubhaar zählt zu den renommiertesten Ökonomen Deutschlands. Der Schweizer hat fast zehn Jahre lang das Hamburgische WeltWirtschaftsInstitut geführt und 2012 die Revolution der Pendlerpauschale vorgeschlagen. Von der heutigen hält er nämlich gar nichts. »Das Problem liegt darin, dass in Deutschland der überragende Anteil der Nahpendler das Auto und nicht nur die öffentlichen Verkehrsmittel oder das Fahrrad oder die eigenen Füße nutzen. Dafür gibt es gute individuelle Gründe. Sie ändern aber nichts daran, dass der automobile Individualverkehr volkswirtschaftliche und ökologische Kosten verursacht. Wer mit dem Auto zur Arbeit fährt, verschmutzt mit Abgasen die Umwelt … Die Pendlerpauschale widerspricht somit allen Einsparungs- und Effizienzbestrebungen zur Minderung des fossilen Energieverbrauchs.« Und noch etwas sei ungerecht: »Wer aus der Stadt aufs Land zieht, zahlt weniger für mehr Wohnraum. Wieso soll er noch zusätzlich Steuern sparen, die dem Staat fehlen, um neue Verkehrstechnologien anzuschieben?«

Straubhaar forderte – noch viel deutlicher als der BUND-Experte Reh –, dass künftig nicht die Landbewohner, sondern die Stadtbevölkerung gefördert werden sollte. »Stadtbewohner leiden unter Problemen, die ihnen die Pendler erst mit verursachen. Abgase, Verkehrslärm, Stau oder Parkplatzmangel könnten gute Gründe sein, die Pendlerpauschale abzuschaffen und sie durch eine Pendlersteuer zu ersetzen. Damit könnten Städter für das Leid entschädigt werden, das ihnen autofahrende Pendler antun. Wäre nicht die Pendlersteuer eine Forderung, mit der sich bei Millionen von Stadtmenschen politisch punkten ließe? Wieso nutzen Politiker diese Chance nicht?« Eine Woche nachdem Straubhaar diesen Kommentar im *Handelsblatt* veröffentlichte, wusste er, warum die Politik die Finger davonlässt. Von bösartigen Reaktionen, Leserbriefen und Telefonanrufen berichtet der Wissenschaftler. Vor allem Menschen, die wenig verdienen, hätten sich bitterlich beschwert. Die Kritik wäre verständlich, aber nur dann, wenn Straubhaar oder Reh Pendlern auch künftig nichts geben wollten. Dabei geht es allen Kritikern der Pauschale eher darum, die Ausgestaltung gerechter zu machen. Straubhaar zum Beispiel spricht sich für Barschecks aus, die jeder Pendler unabhängig vom Einkommen bekommen sollte.

Ein Ökonom kann das leicht fordern, doch in vielen anderen Ländern werden ähnliche Modelle längst gelebt, die das *Handelsblatt* einmal verglichen hat. In Schweden beispielsweise können Arbeitnehmer nur dann mit dem Auto Steuern sparen, wenn sie damit eine Stunde pro Strecke im Vergleich zu öffentlichen Verkehrsmitteln einsparen. In den Großstadtregionen Schwedens ist das nur noch selten der Fall und Nachweise für die meisten Arbeitnehmer nicht machbar. Das öffentliche Nahverkehrsnetz ist einfach zu gut ausgebaut.

In Dänemark, Finnland und Norwegen ist die Berechnung noch ein bisschen komplizierter. Dort muss der tägliche Reiseweg eine bestimmte Strecke übersteigen und ebenfalls eine deutliche Zeitersparnis gegenüber öffentlichen Verkehrsmitteln bringen, damit die Kosten abgesetzt werden können. Hinzu kommt, dass die angesetzten Beträge direkt vom Preis einer Monatskarte für die öffentlichen Nahverkehrsmittel abhängen: »Wird die Monatskarte teurer, kann der Autopendler seine Fahrtkosten erst absetzen, wenn dieser Betrag überstiegen wird und er die genannte Zeitersparnis nachweisen kann«, schreibt das Blatt.

Noch anders ist es in Österreich. Dort gibt es zwei unterschiedliche Pendlerpauschalen: Immer dann, wenn Pendler auf ein gut ausgestattetes Nahverkehrsnetz zurückgreifen können wie etwa in Wien oder Salzburg, dürfen Berufstätige nur die »kleine Pauschale« in Anspruch nehmen. Sie beträgt für eine Strecke von 20 Kilometern zwischen Wohnung und Arbeitsstätte im Jahr aktuell 696 Euro. Pendler im ländlichen Raum können die »große Pauschale« absetzen, die dann etwa so hoch ist wie in Deutschland. Für eine Strecke von 20 Kilometern sind es 1476 Euro.

Eine kluge Pendlerpolitik setzt allerdings voraus, dass Verbände nicht immer dann nach einer Erhöhung der Pauschale schreien, wenn der Benzinpreis steigt. Denn gerade das hatten Koch und Steinbrück ja prophezeit, als sie ihre Vorschläge der Öffentlichkeit vorstellten: »Auch wenn ein Subventionsabbau von allen Seiten gefordert wird, zeigt sich im konkreten Einzelfall, dass es dem organisierten Widerstand der betroffenen Gruppen und Verbände immer wieder gelingt, eigene Vorteile zulasten der Allgemeinheit zu bewahren.« Diese Frage müssen sich Pendler, aber vor allem die Unternehmen, die sie beschäftigen, schon gefallen lassen: Warum soll die Allgemeinheit dafür zahlen, wenn sich Menschen ganz bewusst für ein Haus im Grünen entscheiden und am Ende 30 Kilometer ins Zentrum fahren? Sollen doch Unternehmen Mobilitätsboni ausschütten. Sie wollen die Pendler schließlich beschäftigen. Aber so verrückt wären weder Amazon noch all die anderen Logistikriesen, die mit ihren Standorten in den günstigsten Gewerbegebieten dafür sorgen, dass Menschen selbst aus den Städten zu Pendlern werden. Draußen auf dem Land zahlen die Konzerne schließlich weniger Gewerbesteuer. Und die Arbeitskräfte werden schon kommen. Wir zahlen schließlich alle für deren Fahrt. 4,5 Milliarden Euro im Jahr.

Kapitel 7

Die Profiteure

Als Friederike Stöver 1981 anfing, in einer Hamburger Backstube zu arbeiten, hat sie sich oft gefühlt wie in einer Suppenküche. »Sobald ich den ersten Kaffee gebrüht hatte und die Klappe zum Laden hochdrückte, stand immer eine Handvoll Pendler vor der Bäckerei und klönte sich mit einem Kaffee in der Hand in den Tag hinein.« Es gibt wohl nur wenige Menschen in Deutschland, die so von Bahnpendlern profitieren wie die 53-jährige Stöver. Knapp 100000 Kunden kommen täglich an einen der rund 120 Le Crobag Shops, die es fast nur in deutschen Bahnhöfen gibt und dort mit über 1000 Mitarbeitern rund 75 Millionen Euro Umsatz im Jahr erwirtschaften. Die resolute Hamburgerin ist heute Geschäftsführerin eines kleinen Imperiums, das mittlerweile der französischen Neuhauser Gruppe gehört, dem größten Backwarenproduzenten Europas.

80 Prozent des Umsatzes, so hat es Stöver einmal ermittelt, erwirtschaftet sie mit Pendlern. Der Durchschnittskunde gibt zwischen 2,70 und 3,20 Euro aus. Für Stöver sind Pendler »wie scheue Rehe im Unterholz« – eine falsche Bewegung (vor allem an der Preistafel) und sie sind weg. »Als wir im vergangenen Jahr die Preise leicht erhöhen mussten, weil Getreide und Butter teurer wurden, haben wir sofort einige Kunden verloren«, sagt Stöver.

In manchen Bahnhöfen trennen zwei Le Crobag Shops gerade 15 Meter. Sonst lassen sich die Kunden vielleicht nicht vom Geruch der stets frisch aufgebackenen Croissants anlocken und landen am Ende bei der Konkurrenz. Bei Ditsch, freshbags, Kamps, Upper Crust oder sie marschieren schnurstracks zu den Billigketten, zu Yorma's etwa oder BackWerk, die mittlerweile in fast allen großen Bahnhöfen zu finden sind.

Dabei war es lange Stöver, die den Markt aufrollte. Anfangs hieß die Konkurrenz noch Deutsche Schlafwagen- und Speisewagengesellschaft. Die junge Studentin stieg damals erstmals am Hamburger Hauptbahnhof aus, spazierte durch die Wandelhalle und hatte sofort den Geruch der frischen Croissants in der Nase. »Das kannte man damals nicht.« Stöver war so begeistert, dass sie schon am nächsten Tag selbst hinterm Tresen stand, das kleine Geschäft hieß da noch Le Croissant. Gerade einmal sechs Produkte standen zur Auswahl: ungefüllte Croissants, Pain au chocolat, Marzipancroissants, Apfeltasche, Schinken- und Käsecroissants. Auch heute noch will Stöver »Petite France« verkaufen und hat dafür allein neun verschiedene Croissants im Angebot, aber eben auch Baguettesandwiches, Salate, Muffins und Baguettestangen. Noch in diesem Jahr sollen die Shops, die zu mehr als der Hälfte von selbstständigen Franchisepartnern betrieben werden, auch Sandwiches grillen. »Wir werden nicht faul«, verspricht Stöver. Sie selbst telefoniert dauernd mit Kunden. Ihre Nummer 04089093130 steht auf jeder LeCrobag-Tüte. »Da können sich die Leute dann beschweren.« Kundenbindung wie 1981 – für Friederike Stöver eine Überlebensgarantie im 21. Jahrhundert. »Das direkte Gespräch schätzen unsere Kunden, das spüre ich immer wieder.« Und nirgendwo sind Pendler emotionaler als am Gleis. Hier entscheidet sich, ob die Liebhaberin noch erreicht wird, ob man es rechtzeitig zum Sandmännchen vorlesen schafft oder zum Fußballfinale.

In Deutschland aber stärken sich die meisten Pendler nach wie vor nicht auf Bahnhöfen, sondern eher an der Tankstelle. Zwei von drei Pendlern sind schließlich mit dem Auto unterwegs. Das Netz von Aral ist in Deutschland bald doppelt so dicht wie das von McDonald's. 2500 Tankstellen zählt die Marke hierzulande. Die Konzernmutter BP setzt allein in Deutschland in einem Jahr 55 Milliarden Euro um. Das Geld aber verdient der einzelne Tankstellenpächter längst nicht mehr mit Benzin, sondern mit dem deutschlandweiten täglichen Verkauf von 75000 Kaffees und rund 270000 Brötchen.

Der Umsatz dieser Petit-Bistro-Kette verdoppelte sich binnen sechs Jahren. Heute verdient ein Aral-Tankstellenpächter nur noch 12 Prozent mit dem Verkauf von Sprit, aber 62 Prozent mit dem Geschäft im Aralshop – zählt man alle Shops zusammen, sind es 176 Millionen Euro allein mit Snacks, Tee und Kaffee. Vom Verkauf eines Liters Benzin hingegen bleiben laut Bundesverband Freier Tankstellen gerade noch 10 Cent beim Tankstellenpächter, der Rest sind Steuern, Abgaben und Einkaufskosten. Benzin und Diesel wird mehr und mehr zum Schmierstoff für weitere Verkäufe heißt es in einer Studie des Verbandes. »Kraftstoff mutiert anscheinend immer mehr zu einem Lockmittel für das Folgegeschäft mit dem Kunden.«

Trotzdem haben die großen Mineralölkonzerne nicht den besten Ruf. Das liegt wohl auch daran, dass oft ganz plötzlich zur gleichen Zeit die Preise an den Tankstellen verschiedener Anbieter steigen. Ein Aral-Sprecher nennt jedoch auch noch einen anderen Grund: »Der Kunde bezahlt nun einmal das Benzin an der Tankstelle und ärgert sich erst mal über das hohe Preisniveau.« Ihre Milliardengewinne machen die großen Ölmultis jedoch kaum mit dem Benzinverkauf, sondern vor allem mit der Förderung und dem Verkauf von Erdöl. Immer dann, wenn Unternehmen Quellen erschließen, an denen sie das Öl günstiger fördern und lagern können, als die aktuellen Weltmarktpreise sind. »Die Differenz zwischen dem Förderpreis und dem erzielten Verkaufspreis auf dem Weltmarkt sorgt am Ende für die Milliardengewinne«, sagt der Aral-Sprecher.

Aber wer, wenn nicht die Mineralölindustrie wird davon profitieren, dass Tag für Tag über 20 Millionen Menschen in ihr Auto steigen und teilweise über 100 Kilometer fahren, nur um zur Arbeit zu kommen?

Jörg Eschenbach zum Beispiel. Er ist ein Manager, der teils hunderte Kilometer auf deutschen Straßen zurücklegt, um zum nächsten Projekt zu fahren. Eschenbach würde das nie so sagen, aber wahrscheinlich freut er sich über jeden Kilometer Buckelpiste auf der Autobahn. Denn Eschenbach ist

Manager beim größten deutschen Straßenbaukonzern Strabag und dieses Unternehmen verdient wie kaum ein zweites daran, dass Autos und Lastwagen durch Deutschland rollen. Straßen für fast zwei Milliarden Euro baut Strabag im Jahr, die kleinsten Projekte kosten gerade 10000 Euro, das derzeit größte – der sechsspurige Ausbau der Autobahn A8 zwischen Augsburg und Ulm – wird am Ende mindestens 350 Millionen Euro verschlingen. Schon 1923 gab es die Straßenbau-Aktien-Gesellschaft, aber nie hatte das Unternehmen eine größere Marktmacht als heute. Allein seit 2000 hat Strabag 12 Rivalen aufgekauft und mittlerweile rund 12000 Mitarbeiter. Der Konzern ist eine Ausnahme im eher mittelständisch geprägten Straßenbau, ein mächtiger Konzern, der immer weniger auf Zulieferer angewiesen ist. Stolz ist Strabag auf sein flächendeckendes Netz an Asphaltmischanlagen, Steinbrüchen, Schotterwerken sowie Sand- und Kiesgruben. Und mit jedem Autopendler nutzen sich Deutschlands Asphaltdecken ein wenig mehr ab, so lange, bis es wieder heißt: »Wir bauen für Sie.«

Wenn ein Unternehmen aber einerseits so vom Autoverkehr profitiert, warum nimmt es die Sorgen der Pendler kaum ernst? Warum dauert es Jahre, bis etwa die 60 Kilometer entlang der A8 fertig sind? Und warum haben Autofahrer auf vielen Strecken das Gefühl, es werde laufend gebaut? Der Strabag-Vorstand Eschenbach hat drei wesentliche Gründe ausgemacht für den Zustand der Straßen und die Bauverzögerungen. Das Wetter ist davon der einzige, auf den es nicht zu schimpfen lohnt. Aber die Politik! »Wir könnten jeden Tag 24 Stunden bauen, doch Bund, Land und den Kommunen ist das meist zu teuer. Dabei ignorieren sie, dass die Staukosten viel höher sind als die Zuschläge für Spätschichten oder Nachtarbeit.« Eschenbach glaubt außerdem, dass die Verwaltungen ein Problem mit Rundumschichten haben. Das ist der dritte Grund für die dauernden Verzögerungen: »Der Staat kann nicht einfach immer mehr Personal in den Bauämtern einsparen und dann erwarten, dass diese Verwaltungen den

Ausbau im Tag-, Nacht- und Wochenendbetrieb überwachen und steuern.«

Im Geschäftsbericht seines Unternehmens spart der Vorstand daher nicht mit Kritik an der deutschen Verkehrspolitik: »Der Grund für die teilweise katastrophalen Infrastrukturverhältnisse sind nicht nur die jahrelangen Versäumnisse bei der Wartung, Instandhaltung und dem Ausbau unserer Verkehrswege. Auch das deutlich gestiegene Verkehrsaufkommen und die erhöhten Belastungen durch den Schwerlastverkehr verkürzen die ursprünglich geplante Lebensdauer unserer Straßen, Tunnel und Brückenbauwerke erheblich. Jahrzehntelang zu knapp gehaltene Budgets haben zu einem erheblichen Investitionsstau geführt.«

Eschenbach ist einer der Vorstände, die sich mit diesem Zustandsbericht an ihre Aktionäre wenden. Er ist aber auch ein unbequemer Querkopf in der Branche. Als er im März 2009 als Manager für Strabag von Stuttgart nach Bayern umziehen sollte, verbrachte er Monate im Wohnmobil auf einem Münchener Campingplatz, weil er keine Lust hatte, schon wieder im Hotel zu leben. Morgens hat er sich damals im Gemeinschaftsbad rasiert, ist dann mit dem Taxi zum Flughafen gefahren, nach Wien geflogen und von dort zu Meetings in die Konzernzentrale gefahren. Er ist jemand, der den Status quo immer wieder infrage stellt.

Zugleich eckt er in der Branche damit an, dass er den zunehmenden Verkehr nicht nur beklagt, sondern auch glaubt, dass es mit neuen Straßen allein nicht getan ist. »Wenn wir in Deutschland mithilfe der Politik immer nur dafür sorgen, dass der Verkehr weiter wächst, dann stimmt etwas nicht. Die Politik sollte bestrebt sein, eher für weniger Verkehr zu sorgen«, sagt er.

Stattdessen unterstützt die Politik nach Kräften ihr liebstes Kind: die deutsche Autoindustrie.

Als Sebastian Meyer* mit 30 Jahren bei Aldi Süd anfing und noch keinen Mitarbeiter kannte, wartete sein Dienstwagen, ein Audi, schon auf dem Hof der Aldizentrale. Meyer begann als Trainee, er war dafür zuständig, einige Filialen in Bayern zu leiten, und hat seit Jahren keine Tankrechnung mehr aus der eigenen Tasche bezahlt. »Werkstattbesuche, Wartungen, Benzinrechnungen, alles hat Aldi übernommen«, erzählt er. Ganz umsonst war das Auto allerdings auch für Meyer nicht. Wie jeder Arbeitnehmer, der einen Firmenwagen privat nutzt, musste Meyer den geldwerten Vorteil versteuern. Am Ende zahlte er monatlich rund 350 Euro für die Nutzung des Fahrzeugs. Drei Jahre später (nach 110000 Kilometern) tauschte er den A4 gegen ein Nachfolgemodell. »Das Auto war wie ein Gehaltsbonus und es hat mich vom ersten Moment auch ein bisschen stolz gemacht.« Wer einen Dienstwagen fährt, der hat es geschafft in Deutschland.

So schreibt die Unternehmensberatung Kienbaum in einer Studie: »Der Dienstwagen gehört unter Mitarbeitern zu den wohl meist begehrten Zusatzleistungen.« Aus den Daten einer Umfrage, an der sich 250 Unternehmen beteiligten, ermittelte Kienbaum, dass 95 Prozent aller Geschäftsführer und insgesamt jede fünfte Führungskraft Anspruch auf einen Dienstwagen hat. Die Firmenpolitik weckt längst Begehrlichkeiten. In der oberen Führungsebene, zu der zum Beispiel Bereichs- oder Hauptabteilungsleiter zählen, erwarten 94 Prozent der Mitarbeiter einen Dienstwagen (tatsächlich bekommen ihn am Ende 74 Prozent, für den Job benötigen allerdings nur 61 Prozent ein Auto). »Mercedes, BMW und Audi verkaufen mittlerweile bis zu 80 Prozent ihrer Ober- und Mittelklassefahrzeuge an Unternehmen«, sagt der Automobilexperte Ferdinand Dudenhöffer. In einer Studie für das Bundesumweltministerium haben Kölner Finanzwissenschaftler ermittelt, dass über 50 Prozent aller neuen Autos in Deutschland als Firmenwagen zugelassen werden. Donnerwetter! So wichtig sind den Firmen ihre Mitarbeiter. Doch bedanken sollten sich die Beschäftigten nicht bei ihrem Boss, sondern bei ihren Nachbarn und allen, die sie auf der Straße treffen – den Steuerzahlern in diesem Land. Denn nicht ihre Firmen allein bezahlen die Autos, sondern vor allem der Staat.

Audi beispielsweise wirbt offensiv auf seiner Homepage mit den Steuervorteilen eines Dienstwagens. So sparten Arbeitnehmer »Mehrwertsteuer und häufig auch Sozialabgaben«, die Arbeitgeber profitieren gleich in mehrfacher Hinsicht: »Die Leasing-Raten sind als Betriebsausgaben steuerlich absetzbar«, die Ausgestaltung der Gehaltsumwandlung könne im besten Fall »zu einer Reduzierung der Lohnnebenkosten des Arbeitgebers führen«. Eine Abkehr von der derzeitigen Praxis könnte dem Staat bis zu 5,5 Milliarden Euro zusätzliche Steuern und Sozialbeiträge bringen.

Die Deutsche Umwelthilfe hat sich einmal die Mühe gemacht und errechnet, wie hoch die staatlichen Förderungen für Luxusdienstwagen ist. Der VW Phaeton kostet den gewerblichen Käufer rund 104 000 Euro, aber über staatliche Förderungen kann er sich laut DUH bis zu 61 000 Euro zurückholen. Neun von zehn dieser Luxuslimousinen sind gewerblich zugelassen. Ganz Ähnliches gilt für Modelle von Mercedes, BMW oder Porsche. Noch 1995, so hat die Umwelthilfe weiter berechnet, seien 62 Prozent der Neuwagen privat zugelassen worden und 38 Prozent gewerblich. 2012 war das Verhältnis bereits genau andersherum. Nur noch vier von zehn Autos kauften Privathaushalte in Deutschland. Während sich die Unternehmenschefs fast überschlagen vor lauter Jubel über effizientere Motoren, sorgen fehlende Anreize dafür, dass der Benzinverbrauch für die meisten Käufer noch immer kaum eine Rolle spielt. Während in vielen Ländern Europas verbrauchsabhängige Steuern erhoben werden, die beim Audi A8, der über 18 Liter auf 100 Kilometer verbraucht, auf 50 000 Euro hochschnellen (Niederlande/Irland), wird der Kauf dieses Autos als Dienstwagen in Deutschland laut Deutscher Umwelthilfe mit maximal 83 000 Euro vom Staat unterstützt. Und auch in diesem Fall sind neun von zehn dieser Limousinen nicht im Privatbesitz.

Es gab mal einen SPD-Finanzminister, der wollte, dass alle, die das Dienstwagenprivileg in Anspruch nehmen, nicht mehr ein Prozent des Anschaffungspreises eines Dienstwagens als geldwerten Vorteil versteuern müssen, sondern 1,5 Prozent. Das war im Herbst 2002. Hans Eichel hieß dieser Finanzminister und im Rückblick erinnert er sich, wie ihm plötzlich ein Sturm des Widerstands entgegentobte. »Ich hatte wirklich unterschätzt, dass Deutschland ein Land der Dienstwagenfahrer ist.« Eichel lernte mittelständische Unternehmer kennen, die S-Klasse fuhren, aber auch die vielen Privatfahrten nur pauschal versteuerten. Er traf auf Betriebsräte und Angestellte, »für die der Dienstwagen so etwas ist wie ein Gehaltsbonus«. Er wollte das Gesetz trotzdem durchdrücken, »der Staat brauchte das Geld und ich sah auch nicht ein, warum der Finanzminister massive Subventionen für Firmenwagen zahlen sollte, wenn diese überwiegend privat genutzt wurden«.

Im Hintergrund hatte sich Eichel schon mit entscheidenden Lobbyisten darauf verständigt, dass die Steuer am Ende bei 1,2 Prozent liegen werde. Die Front des Widerstands schien befriedet. Dann aber hatte Eichel plötzlich eine große Koalition zweier Ministerpräsidenten gegen sich: der Niedersachse Sigmar Gabriel (SPD), der auch im Aufsichtsrat von VW saß, und Bayerns Edmund Stoiber (CSU), ein bekennender BMW-Fan. Gemeinsam organisierten sie eine Mehrheit im Bundesrat – gegen die Pläne des Finanzministers. Noch heute liegt die Pauschale bei einem Prozent. Es geht um zu viel für die Autoindustrie. Und für die Arbeitnehmer. Auch Großkonzerne wie SAP locken künftige Mitarbeiter mit günstigen Firmenwagen. Den 12800 Beschäftigten am Konzernsitz in Walldorf und St.-Leon-Rot stehen rund 8000 Dienstwagen zur Verfügung, selbst das Benzin zahlt in den meisten Fällen der Konzern.

Und doch war SAP-Mitarbeiter David Sommer bald genervt von seinem Auto. Das tägliche Pendeln zur Arbeit wurde ihm zum lästigen Übel. Meist fuhr Sommer seine 20 Kilometer Arbeitsweg von Brühl nach Walldorf allein. Er hat flexible Arbeitszeiten und fand auf die Schnelle keine Mitfahrer. Wenn er mal suchte, dauerte es ewig, bis sich Kollegen fanden, die eine ähnliche Strecke fahren wollten. »Eine Fahrgemeinschaft zu etablieren, war fast unmöglich, denn wir sind oft auf Dienstreise und haben keine festen Arbeitszeiten.« Also stand Sommer spätestens vorm SAP-Parkhaus im Stau: »Da habe ich mich dann darüber aufgeregt, dass in all den anderen Autos auch meist nur der Fahrer saß.« Doch während Millionen Pendler dieses Schicksal klaglos hinnehmen, gab sich Sommer nicht geschlagen. Nächtelang verbrachte er zu Hause vor dem PC. Sommer entwickelte ein Programm, das Pendeln in Deutschland grundlegend verändern kann. Denn Sommer ist Softwareentwickler bei SAP. Heute steht auf Sommers Visitenkarte Product Owner TwoGo. Der 42-Jährige hat es geschafft. Er hat eine Software programmiert, die die Wünsche von tausenden SAP-Pendlern miteinander verknüpft. »Das Ziel war, dass ich in zehn Sekunden eine Fahrt organisieren kann.« Tatsächlich genügt es, wenn Sommer oder ein Kollege heute eine E-Mail an den Server schickt. Er muss auf einer festen Eingabemaske nur schnell Start, Ziel und die gewünschte Zeit eintippen, den Rest organisiert die Software, die dazu noch ermittelt, wer auf der Strecke ebenfalls nach Mitfahrern sucht oder selbst Fahrten anbietet. Zugleich garantiert die Anwendung, dass Nutzer nicht mehr Umwege in Kauf nehmen, als diese vorher selbst vorgegeben haben, und sie ermöglicht es ihnen sogar, unerwünschte Kollegen als Beifahrer von der Fahrt auszuschließen. »Danach bringt das System blitzschnell Angebot und Nachfrage zusammen.«

Hunderte Stunden hatte Sommer zusammen mit seinem Kollegen Jens Lehmann investiert, dann stellten sie die Innovation in der Firma vor. Die Chefs ermuntern ihre Mitarbeiter stets zu ähnlichen Experimenten, doch nur die wenigsten Programme gelangen am Ende tatsächlich auf den Markt. Die Entwicklung von Sommer hingegen war pures Endorphin für jeden SAP-Controller. Das Unternehmen rechnet heute vor, dass mit der Einführung der Software im Unternehmen binnen 32 Monaten 1,2 Millionen Kilometer Autofahrten eingespart wurden – das entspricht 164000 Kilogramm Kohlenstoffdioxid. Zugleich verringert sich der Wartungsbedarf der Autos und der Wiederverkaufswert von firmeneigenen und privaten Autos steigt wegen der geringeren Kilometerstände. Das Projekt lief so erfolgreich an, dass TwoGo 2014 weltweit durchgestartet ist. Auch einige Unternehmen aus der Nachbarschaft nutzen die Software bereits. SAP selbst setzt sie an fast allen großen Standorten ein – von Kanada bis Indien. Nun aber zeigen auch andere DAX-Konzerne Interesse.

Sommer ist mit seinem Projekt zu einem Profiteur des Pendelns geworden. Schon jetzt hat ihm SAP das Engagement vergütet, er hat einen Karrieresprung gemacht. Die Heidelberger Druckmaschinen AG, Thomas Cook und bald wohl auch Universitäten gehören schon zu den Kunden.

Sommers Pläne gehen längst noch einen Schritt weiter. Im Grunde lässt sich TwoGo schließlich für jeden Pendler und Vielfahrer nutzen. Es gibt nur einen Haken: Die Anwendung muss von genügend Menschen nachgefragt werden. Es ist wie mit einem E-Mail-Programm. Wenn nur zwei Menschen, die sich nicht kennen, E-Mails schreiben könnten, wird sich das Prinzip nicht durchsetzen. Hat aber jeder die Möglichkeit, das Internet zu nutzen, verbreiten sich die Programme in rasender Geschwindigkeit.

Im Falle SAPs stand dem Erfolg sehr lange die eigene Firmenkultur im Weg, die den Firmenwagen zur Selbstverständlichkeit machte. »Die meisten spüren es gar nicht im eigenen Geldbeutel, wenn sie weniger fahren«, sagt Daniel Schmid, Leiter Nachhaltigkeit von SAP. Damit die geniale Idee auch den Praxistest überlebte, half das SAP-Management nach. Um möglichst viele Mitarbeiter für das Projekt zu gewinnen, verloste SAP anfangs iPads unter Neumitgliedern, heute ködert das Unternehmen die Mitarbeiter damit, dass sie im Erdgeschoss in der ersten Reihe parken dürfen. Unter Pendlern gehört die Teilnahme am TwoGo-Programm fast schon zum guten Ton. »Viele wussten gar nicht, wie viele SAP-Kollegen in ihrer Nachbarschaft wohnen«, sagt Schmid. Er fährt immer seltener allein, das Mitfahrprogramm ist zur sozialen Plattform im Unternehmen geworden. Selbst eine Ehe soll schon ihren Ursprung auf der Fahrt zur Arbeit gefunden haben. Die Kontaktbörse begeistert längst das Topmanagement. Es kommt vor, dass sich Mitarbeiter ungläubig beim TwoGo-Service melden. Immer dann, wenn sie ins gleiche Auto gesetzt werden sollen wie der Vorstandschef. »Die Mitarbeiter glauben dann an die versteckte Kamera, aber es fahren quer durch die Hierarchieebenen wirklich alle mit«, sagt Schmid.

Gerade erst startete das Programm im indischen Bangalore, 5000 Mitarbeiter könnten sich dort zusammentun. Hierzulande überlegt die Duale Hochschule Baden-Württemberg, ob sie die App als Service für Studenten übernimmt. Und es gibt weiteres Potenzial: Bundesligavereine könnten damit die Fan-Transporte zum Spieltag organisieren, Konzertveranstalter die Fahrten von tausenden Zuschauern koordinieren. »Gerade arbeiten wir daran, wie man Umsteigeverkehre optimieren kann«, sagt Sommer. Man hat das Gefühl, dass dieser Mann noch einiges verdienen kann mit Deutschlands Pendlern und Reisenden.

Dabei entwickelt sich der Markt des Autoteilens auch jenseits der SAP-Welt rasant. Dutzende Carsharing-Anbieter sind in den vergangenen zwei Jahrzehnten entstanden, die Bahn macht mit, Volkswagen ist dabei und natürlich der Marktführer und Pionier Stadtmobil. Allerdings ist das Angebot nur in wenigen Fällen pendlertauglich. Das geben auch die Unternehmen selbst zu. Carsharing, so sagen die Betreiber des Portals Stadtmobil, lohnt sich für Fahrer, die weniger als 12000 Kilometer im Jahr zurücklegen. Angenommen, ein Pendler arbeitet vereinfacht an 250 Tagen im Jahr, dann sollte die Fahrt zum Arbeitsplatz weniger als 25 Kilometer entfernt sein. Sonst würde sich der Kauf eines eigenen Autos mehr lohnen. Für die meisten städtischen Pendler ist das jedoch der Radius des S- und U-Bahn-Netzes. Und auf dem Land gibt es (noch) zu wenig Angebote, Autos mit anderen zu teilen. Die Bahn hat das Defizit erkannt und will in diesem Jahr das Carsharing Modell Flinkster privat starten. Dabei können

Autobesitzer ihren Wagen an Flinkster-Nutzer verleihen. Pro Stunde sollten die Eigentümer einen festen Gebührensatz erhalten, die Bahn-Tochter kassiert für die Vermittlung pro Vorgang eine Provision. Solche Modelle werden möglich, weil das Internet einen Marktplatz für das Teilen schafft, der früher nur mühsam über Schwarze Bretter und den Austausch von Telefonnummern möglich war.

Wer heute über Mitfahrzentralen im Internet Fahrgelegenheiten aufstöbert, wird oft schon nach Sekunden fündig. Der prominenteste Neuanbieter ist blablacar. Das Unternehmen begreift sich nicht nur als Mitfahrzentrale, sondern zugleich als soziales Netzwerk. Suchende können selbst entscheiden, ob sie mit jemandem über Gott und die Welt reden wollen (Status Blablabla) oder einfach nur wegdusseln (bla). Sechs Millionen Mitglieder in 12 Ländern zählt Blablacar mittlerweile und dank des Wachstums steigt die Wahrscheinlichkeit, genau den passenden Fahrtanbieter zu finden, täglich an. Selbst die Preise sind gedeckelt. Eine Fahrt von Regensburg nach Fulda im Opel Astra und am frühen Morgen kostet 15 Euro, die 300 Kilometer von Würzburg nach Saarbrücken im Ford Focus zur besten Pendelzeit am späten Nachmittag kosten 20 Euro. Der Tarif wird so berechnet, dass der Fahrer nicht zum Taxi wird – Geld soll er mit den Fahrten nicht verdienen können.

Die Sache hat nur einen Haken: Die meisten Mitfahrer werden an den Knotenpunkten der Republik gesucht, im Grunde ist es ein Spiegelbild des ICE-Netzes. Von Hamburg nach München oder über Frankfurt Richtung Stuttgart, von Köln Richtung Berlin: An einem gewöhnlichen Frühlingstag finden sich mehr als 300 Angebote, um vom Dom zum Alex zu kommen.

Der ICE bekommt in diesen Monaten im Wochentakt weitere Konkurrenten auf der Straße hinzu. Seit 2013 dürfen Fernbusse in Deutschland hunderte neue Strecken verbinden. Vor allem Studenten steigen auf dieses Angebot ein. Für sie ist es eine Alternative, die viel Zeit, aber wenig Geld kostet.

Dutzende Anbieter werben nun um hunderttausende Hochschüler, aber auch um Wochenendpendler und Touristen. Pro Woche gibt es bereits über 5000 Verbindungen.

Acht Fahrten von Köln nach Berlin listet beispielsweise das Internetportal FahrtenFuchs.de an einem ganz normalen Wochentag auf. Für Preise ab 21 Euro. Das einzige Problem: Fahrtzeiten von mindestens siebeneinhalb Stunden sind für Berufspendler wohl inakzeptabel. Dabei müsste gerade FahrtenFuchs Pendlern, die nicht mehr ständig selber fahren wollen, helfen können. Verspricht doch das junge Unternehmen auch Menschen vom Land eine gute Anbindung. Es genügt, die Start- und Zieladresse einzugeben, und der FahrtenFuchs (beziehungsweise ein ziemlich komplizierter Algorithmus) rechnet den Rest. In der Fläche jedoch haben blablacar und FahrtenFuchs vieles gemeinsam: Es gibt kaum Angebote. Ein Pendler, der in Mecklenburg-Vorpommern oder im ostfriesischen Nordwesten der Republik arbeiten oder leben will, kann das im Grunde nur mit dem eigenen Auto – es sei denn, er will sehr, sehr viel Zeit auf Busbahnhöfen und an zugigen Haltestellen verbringen.

»Noch nutzen vor allem Studenten unser Onlineportal«, sagt Pierre Becher von FahrtenFuchs. Immerhin: Für manche Städte sind die Verbindungen des Fernbusnetzes bereits so ausgeklügelt, dass sie eine echte Alternative zur Bahn sind. Die Fahrt von Tübingen nach München etwa dauert mit der Bahn gut 3 Stunden, mit dem Bus 3 Stunden, 20 Minuten.

Selbst die Bahn hat das Potenzial längst erkannt. Sie ist nach Mein Fernbus der zweitgrößte Anbieter von Fernbusreisen in Deutschland. 725 Millionen Reisende zählte die Bahn zuletzt im Jahr. Der Marktanteil liegt bei rund 33 Prozent. »Überall dort, wo wir keine attraktiven Zugverbindungen anbieten, fahren unsere Busse«, sagt Bahnchef Rüdiger Grube. An den langfristigen Erfolg glaubt er nur bedingt. »Es herrscht Goldgräberstimmung, aber die Preise im Fernbusmarkt sind derzeit höchstens kostendeckend.« Geld verdient die Bahn hingegen mit ihrem klassischen Geschäft und profitiert dabei natürlich auch von den enormen Pendlerströmen.

Täglich zählt die Bahn 5,6 Millionen Fahrgäste in Deutschland. Zwei Milliarden im Jahr. »Jeder vierte Reisende ist ein Pendler. Das ist eine ganz wichtige Zielgruppe für uns«, sagt Grube. Zuletzt verkaufte die Bahn 40000 Bahncard 100 im Jahr, die zu jeder Zeit zur Fahrt in Deutschland berechtigen. Stückpreis für zwölf Monate in der zweiten Klasse: 4090 Euro. Die Zuverlässigkeit der Einnahmen ist das eine. Noch wichtiger ist für die Bahn, dass sie mit den Pendlern die Auslastung der Züge sicherstellt.

Aber warum tut die Bahn dann nicht mehr für Pendler? Gerade im Nahverkehr. Unternehmen wie Volkswagen klagen immer wieder darüber, dass die Regionalzüge zu voll seien und die Bahn mehr bereitstellen müsse. Grube kennt diese Vorwürfe, die Verantwortung dafür übernehmen will er nicht. »Der Einsatz von Regionalzügen wird von den 27 Bestellerorganisationen im Land und anderen Aufgabenträgern festgelegt«, sagt er und vergleicht das Geschäft mit einer Menükarte im Restaurant. Wann soll der Zug fahren? Wie oft? Wie sehen die Sitze aus? Gibt es Sicherheitspersonal an Bord oder sogar Kameras? Alles ist geregelt. »Will der Besteller, dass der Zug häufiger fährt, muss er das der Deutschen Bahn oder ihren Wettbewerbern bezahlen.« Das Problem ist nur: Das Geld ist knapp. 7,3 Milliarden Euro stehen den Ländern derzeit aus den so genannten Regionalisierungsmitteln des Bundes zur Verfügung. Der Bund subventioniert damit den Nahverkehr mit Milliardensummen. Aber es reicht hinten und vorne nicht, um die Bahn fit für die Zukunft zu machen. Bahnchef Grube beschreibt sein Unternehmen, als sei es nicht ein mobiler Weltkonzern, sondern ein Verkehrsmuseum. Von den knapp 34000 Kilometern Schiene in Deutschland stammen 30000 Kilometer aus dem 19. Jahrhundert, erzählt er. »Nach dem Zweiten Weltkrieg sind 10000 Kilometer Autobahn gebaut worden, aber nur 950 Kilometer neue Schiene. Von den 25000 Eisenbahnbrücken in Deutschland sind 9000 älter als

100 Jahre. Aber damit nicht genug: »Von unseren heute 3400 Stellwerken ist nahezu jedes dritte noch auf Baumustern aufgebaut, die aus Kaisers Zeiten stammen. Aber auch moderne elektronische Stellwerke, bei denen Signale und Weichen über große Entfernungen per Mausklick gestellt werden, sind zunehmend im Einsatz und machen inzwischen 12 Prozent der Stellwerke aus.« Wenn nun ein Fahrdienstleiter ausgebildet wird, ist er entweder für ein computergesteuertes modernes Stellwerk, für ein mechanisches, für ein Drucktastenstellwerk oder für ein elektro-mechanisches zuständig. »An etwa drei von zehn Stellwerken der Bahn müssen die Mitarbeiter noch die Weichen und Signale mit Stellhebeln bedienen«, sagt Grube. Damit sich das alles ändert, müsste die Bahn in Zukunft viel mehr investieren als heute. »Der Investitionsstau beträgt heute rund 30 Milliarden. 2004 waren es noch 19,6 Milliarden. Wenn wir nicht investieren, werden es bis 2020 sogar 50 Milliarden sein.«

Obwohl Gleise, Signalanlagen und Brücken so dringend saniert werden müssten, damit die Qualität der heutigen Versorgung gehalten wird, zahlt die Bahn seit Jahren eine Dividende an den einzigen Eigentümer, den Staat. Für 2012 waren es 525 Millionen Euro, für das abgelaufene Geschäftsjahr sollen es 200 Millionen Euro sein. Hinzu kommt die Mehrwertsteuer: Während viele europäische Staaten ihre Bahnen von der Mehrwertsteuer befreien, werden hierzulande 19 Prozent aus jedem verkauften Ticket im Fernverkehr ab 50 Kilometer fällig, im Nahverkehr sind es immerhin noch sieben Prozent. So zahlen allein Kunden der Deutschen Bahn viele Milliarden Euro Umsatzsteuer, die am Ende zum Großteil im Bundeshaushalt landet.

Wen man auch fragt in Unternehmen, die von den Pendlern profitieren und keine Autos bauen – einig sind sich alle nur bei einem Gewinner: dem Staat. Wenn Friederike Stöver einen Kaffee verkauft, dann erhält der Fiskus 19 Prozent Mehrwertsteuer. Aber wenn die Tankstelle einen Liter Kraftstoff absetzt, dann langt der Staat richtig zu.

Auf jeden Liter Benzin zahlt ein Pendler heute – völlig unabhängig vom Endpreis – 65 Cent Energiesteuer (früher Mineralölsteuer). Für Diesel sind es 47 Cent. Hinzu kommen 19 Prozent Umsatzsteuer auf den Warenpreis und zusätzlich sogar auch noch auf die Energiesteuer. Spielen wir doch einmal durch, was ein Pendler mit einem Arbeitsweg von 40 Kilometern den Staat im Jahr verdienen lässt. Lassen wir den Pendler 200 Tage im Jahr zur Arbeit fahren und 1,50 Euro für den Liter Super zahlen. Er zahlt dann neben den 65,4 Cent Energiesteuer noch 24 Cent Umsatzsteuer, insgesamt knapp 90 Cent. Sein Auto ist mit einem Verbrauch von 6 Litern auf 100 Kilometern vergleichsweise sparsam. Dieser Pendler legt aufs Jahr gerechnet 16000 Kilometer für die Arbeit zurück und verbraucht dabei 960 Liter Benzin. Der Staat verdient an diesem Benzin nach heutigen Steuersätzen 864 Euro. Viele Pendler holen sich diesen Betrag über die Pendlerpauschale wieder herein (alle die, die so viel Einkommen haben, dass sie mindestens 864 Euro geltend machen können), aber längst nicht alle. Und der Staat verdient ja weiter. Wer nicht selbstständig ist, zahlt 19 Prozent Umsatzsteuer beim Kauf eines Autos, genauso viel wie für Winterreifen, Ersatzteile und die Werkstattbesuche. So weit braucht man aber gar nicht zu denken, wenn man den Staat zum Profiteur des Pendelns machen will.

Allein die Einnahmen aus der Energie- und dem Benzin zugehörigen Umsatzsteuer betrugen zuletzt über 40 Milliarden Euro im Jahr, die KFZ-Steuer brachte 8,4 Milliarden Euro. Hinzu kommen rund 4,5 Milliarden Euro aus der LKW-Maut. Aus der Energiesteuer leitet der Bund rund sieben Milliarden Euro an Regionalisierungsmitteln an die Länder weiter. Sie finanzieren damit den öffentlichen Personennahverkehr. Beim Verkehrsminister landet am Ende nur die Hälfte dieser Steuereinnahmen: 26 Milliarden. Und wie viel Geld davon investiert er in den Straßenverkehr? Zum einen die vier Milliarden aus der LKW-Maut, dann weitere 2,4 Milliarden für Bundesstraßen und 1,6 Milliarden für die Verbesserung der Verkehrsverhältnisse der Gemeinden. Es lohnt sich aber, noch einmal genauer zu schauen: Von den 2,4 Milliarden Euro für die Bundesfernstraßen beispielsweise fließt nur ein Drittel in den Erhalt der Bundesstraßen. Mit dem überwiegenden Rest wird der Betriebsdienst finanziert: Winterstreufahrzeuge, die Pflege der Grünflächen und Bäume, aber auch die Beschilderung. Nur ein Drittel der direkt den Autofahrern zurechenbaren Steuern fließt demnach wieder zurück in den Straßenverkehr. Der Blick auf die Eisenbahn ist noch viel dramatischer. Zehn Milliarden hält der Verkehrsminister für die Bahn vor. Die Hälfte davon ist schon weg, ohne dass ein Zug abfährt. Das sind die Pensionen und Krankenversicherung der Beamten, irrwitzigerweise im Haushalt Sondervermögen des Bundes versteckt. 2,5 Milliarden Euro dienen tatsächlich dem Erhalt des Schienennetzes und der Anlagen, nur rund 1,5 Milliarden sind am Ende für Investitionen in neue Strecken vorgesehen. Wohlgemerkt für ein Schienennetz, dessen Investitionsstau der Bahnchef in wenigen Jahren bei 50 Milliarden Euro sieht!

Im Koalitionsvertrag der aktuellen Bundesregierung scheint das Problem erkannt. Mehr aber auch nicht. »Für die dringend notwendigen Investitionen in die öffentliche Verkehrsinfrastruktur werden insgesamt fünf Milliarden zusätzlich mobilisiert.« Fünf Milliarden in fünf Jahren verteilt auf 50000 Kilometer Bundesstraßen und Autobahnen, 34000 Kilometer Schienennetz und 7700 Kilometer Wasserstraßen.

Der Einzige, der sich dagegen erfolgreich wehren könnte, ist Deutschlands Verkehrsminister. Alexander Dobrindt (CSU) nennt Mobilität im Bundestag »ein Grundrecht«. Dann fährt er fort: »Und zu Recht fordern die Menschen in diesem Land eine funktionierende Mobilitätsinfrastruktur ein.« Dobrindt hat noch etwas erkannt in seinen ersten Wochen als Verkehrsminister: »Die Bahn ist inzwischen mehr als ein Reisemittel, mehr als ein Transportmittel geworden … Sie ist für viele ein mobiler Arbeitsplatz geworden.« Deswegen habe die Bahn die Verantwortung, die digitale Modernisierung voranzutreiben.

Wlan an den Bahnhöfen und leistungsfähige Internetanschlüsse in den Zügen fordert der Minister. Er hat dabei nur eines übersehen. Bis zum Fahrplanwechsel im Dezember 2014 wird die Bahn 255 ICEs mit kabellosem Internet versorgt haben. Unabhängig davon hängt der Mobilfunkempfang vom Ausbau entlang der Strecke ab, also von den Telekommunikationsunternehmen.

Doch das ist das Prinzip der Verkehrspolitik seit vielen Jahrzehnten. Mal wird hier ein Nebenkriegsschauplatz geöffnet, dann dort Handlungsstärke simuliert. Dabei ginge es auch viel verbindlicher. Die Einnahmen der LKW-Maut zum Beispiel sind keine Steuer, sondern eine Gebühr. Deswegen dürfen sie zweckgebunden verwendet werden. Es würde wenig kosten, auch die KFZ-Steuer entsprechend umzuwidmen. Die Regierung könnte sich auch dazu entschließen, eine Verkehrsgesellschaft zu gründen, die Straßen baut und betreibt.

Im Frühjahr 2014 schlug Ralf Jahncke Alarm. Sein auf Transport und Logistik spezialisiertes Beratungsunternehmen TransCare berechnete, dass sich die Verkehrsleistung auf Deutschlands Straßen seit 1982 mehr als verdoppelt habe. Die Investitionen je Kilometer Straßennutzung hingegen halbierten sich inflationsbereinigt im gleichen Zeitraum. Jahncke fordert, dass sich künftig der Verkehrsetat selbst über eine Auto-Maut finanzieren sollte. Zwei Cent je Kilometer Fahrt sollte der Grundpreis betragen, fordert Jahncke. Schon 2015 könnte die PKW-Maut eingeführt werden. Dann nämlich endet der Vertrag mit dem heutigen Mautbetreiber Toll Collect, der bisher nur Lastwagen an den Kosten des Verkehrs beteiligt.

Wer sieht, wie selbst die Profiteure des Pendelns über die Verkehrspolitik des Bundes jammern, der kann Jahncke nur zustimmen. Deutschland bremst seinen Wohlstand aus, indem CSU-Politiker Vorurteile mit den Forderungen für eine Ausländermaut bedienen. Die Verkehrspolitik des Bundes – und damit die Politik für Pendler – ist heute nicht nur kleingeistig, willkürlich und umweltschädlich, sondern sie gefährdet auch das künftige Wachstum und damit den Wohlstand dieses Landes. Wie kommt es, dass der gesamte Bundestag diesem Treiben auch in der Großen Koalition zusehen wird?

Ganz einfach. Der Staat braucht Manövriermasse. Wenn man die Einnahmen aus dem Straßenverkehr umgehend in Asphalt und Beton investieren würde, dann fehlt das Geld an anderer Stelle. Bei der Rente, in der Krankenkasse oder im Verteidigungsbudget. Die Pendler gehen somit – ohne es zu wissen – einen großen Solidarpakt mit dem Staat ein. Der frühere Finanzminister Hans Eichel klagt noch heute über diese Zwänge der Politik. »Der Staat bekommt nicht das Geld, das er braucht, um all die Wünsche zu bezahlen, die aus guten Gründen an ihn herangetragen werden.« Warum aber zahlen Politiker dann Milliarden für die Rente ab 63 und die so genannte Mütterrente, obwohl es dem Finanzminister umgehend an anderer Stelle fehlt? Ganz einfach, sagt Eichel: »Sie sparen zuerst an Investitionen, denn das fällt so schnell nicht auf.« Nur einmal morgens und abends spüren es 26 Millionen Menschen. In Deutschland. Das sind die Pendler, die auf Bus, Bahn oder das Auto angewiesen sind.

Kapitel 8

Staufrust und Pendelärger – die dunkle Seite der Mobilität

Wenn sich die Wut der Pendler bündelt, dann geht es bisweilen richtig zur Sache. In Argentinien haben Bahnfahrer vor einigen Jahren aus Frust über eine Verspätung ihren Zug angezündet, auch den zweitgrößten Bahnhof des Landes steckten Vielreisende aus Ärger über Verspätungen schon in Brand. Unvergessen sind auch die Autofahrer, die auf der A7 bei Hildesheim ein zwei Meter großes Loch in einen Metallgitterzaun geschnitten haben und damit den Weg frei machten zu einer Nebenstraße, die eigentlich nur von Rettungsfahrzeugen befahren werden durfte. Sie wollten einem Dauerstau entkommen. Kaum ein Thema regt den Pendler mehr auf als Staus und Verspätungen. Aber wie kommt es dazu und was kann der Pendler machen, wenn es mal wieder länger dauert?

Nicht immer ist die Suche nach dem Schuldigen so einfach wie jüngst in den USA. Dort trägt keine Brücke im Jahr mehr Fahrzeuge als die George Washington Bridge. 136 000 Autos und Lastwagen quälen sich jeden Tag über die Überquerung des Hudson River nach New York City. »Pendler dürften auf oder vor dieser Brücke mehr Zeit verbringen als mit ihren Lebenspartnern«, mutmaßt die *Süddeutsche Zeitung*. In jedem Fall wurden diese Pendler im Jahr 2013 Opfer eines perfekten Verbrechens. Aus Wut über den Bürgermeister der Gemeinde Fort Lee, der die Wiederwahl ihres Vorgesetzten nicht unterstützt hatte, ließen Mitarbeiter des republikanischen Gouverneurs von New Jersey Chris Christie zwei Zufahrtsspuren auf der Brücke sperren. Tausenden Bewohnern von Fort Lee war damit der allmorgendliche Weg zum Arbeitsplatz in Manhattan versperrt.

Angeblich sollte eine Verkehrsstudie umgesetzt werden, doch das einzige Ziel bestand anscheinend darin, den größtmöglichen Stau zu verursachen. »Zeit für ein paar Verkehrsprobleme in Fort Lee«, schrieb eine Vertraute Christies an die zuständige Hafenbehörde. Die knappe Antwort: »Verstanden.« Als kurz darauf zwei der drei Spuren gesperrt wurden, brauchten Autofahrer tagelang vier und mehr Stunden länger als sonst. Das wäre ungefähr so, als wenn Hamburgs Bürgermeister Olaf Scholz den ähnlich stark befahrenen Elbtunnel sperren würde, um den Bürgern von Wedel oder Buxtehude eins auszuwischen.

Ein mutwillig provozierter Stau: Es gibt kaum ein Vergehen, das auf einen Schlag mehr Menschen auf die Palme bringt. Die Dramen des Staus sind verfilmt (am eindrucksvollsten fasste sie Luigi Comencini 1979 im Film »Stau« zusammen) und besungen (von Grönemeyers Mambo bis James Taylors Traffic Jam). Die großen Kinoromanzen gewinnen regelmäßig immer dann an Fahrt, wenn einer der beiden Liebenden am Verkehrsinfarkt verzweifelt (»Notting Hill«) – in Actionfilmen ist es wiederum der Held, der die Welt erst retten kann, wenn er nur endlich wieder Gas geben darf (»Stirb langsam«, »Mission Impossible«).

Kein Wunder! Wohl jeder kennt das Gefühl, auf der Autobahn nicht voranzukommen. Nicht jeder muss die Welt vor dem Atomkrieg retten, aber den meisten durchkreuzt ein Stau die Pläne für den Feierabend oder den Arbeitstag. 830 000 Kilometer Stillstand haben die Experten des ADAC allein für 2013 errechnet. Einmal zum Mond und wieder zurück! Über 1000 Staus am Tag ermittelt der Autofahrerverband, die Hälfte davon betraf Nordrhein-Westfalen (29 Prozent), Bayern (15 Prozent) und Baden-Württemberg (11 Prozent). 1600 Kilometer Autobahn gelten als dauerhaft überlastet, der ADAC schätzt, dass bis 2025 trotz aller Baumaßnahmen sogar 2000 Kilometer überlastet sind.

Für Andreas Erwig ist der Stau vor allem eines: ein ziemlich gutes Geschäft. Er hat die Suche nach Auswegen zu seinem Beruf gemacht. Woche für Woche pendelt Erwig dafür zwischen Frankfurt und Berlin. Erwig ist Manager beim niederländischen Navigationsriesen TomTom. Seit 2011 arbeitet er in den Treptow Towers in Berlin, einem Gewerbepark, in dessen Inneren auch das Herz des Traffic Information Center schlägt. Hier laufen Millionen Verkehrsdaten zusammen, deren Auswertung sofort signalisieren, wo der Verkehrsfluss in Deutschland und Europa stockt.

Fast eine Milliarde Euro setzt TomTom im Jahr um und zählt damit zu den weltweit größten Anbietern von Verkehrs- und Kartendiensten. In Europa hat das Unternehmen einen Marktanteil von 50 Prozent, Millionen Autofahrer lassen sich von TomTom-Geräten führen. Jahr für Jahr kann das Unternehmen auf mehr Informationen zurückgreifen und damit immer genauer rekonstruieren, wie sich der Berufsverkehr staut. Die Flotten von Toyota, Daimler und anderen Autobauern liefern Daten, aber auch sehr viele Smartphones stehen alle zwei Minuten mit den TomTom-Servern in Kontakt (so die Nutzer dies erlauben). So erfährt TomTom schneller als die Polizei, wo sich der nächste Flaschenhals zusammenstaut.

Für Europas Ballungsräume erstellt das Unternehmen einen Stauindex. Dafür messen die Experten den Verkehrsfluss mitten in der Nacht und vergleichen diesen »Nachtfreifluss« später mit den Fahrtzeiten im Berufsverkehr. Demnach verbringt der Durchschnittspendler acht Arbeitstage (64 Stunden) pro Jahr im Stau. Doch je nach Stadt sind die Schwankungen gewaltig. In Stuttgart beispielsweise benötigen Autofahrer abends für eine Fahrt, die im besten Fall eine halbe Stunde dauert, rund 20 Minuten mehr Zeit, um ans Ziel zu kommen. Grund sind Dauerbaustellen, aber auch die besondere Topographie der Stuttgarter Kessellage zwischen Wald und Reben: »Viele Hauptverkehrsstraßen laufen durch einen Tunnel. Wenn einer gesperrt ist, ist die Stadt dicht«, sagt Erwig. Kaum besser sieht es in Hamburg oder Frankfurt am Main aus. Dort verlängert sich die Fahrtzeit während der

Rushhour um mindestens 50 Prozent. In München und Berlin leiden Pendler hingegen nur einmal am Tag. Morgens in München und abends in Berlin. Derlei Verkehrsinfarkte wird kein Autofahrer allein verhindern. Oder doch?

Erwig hat tausende Staus analysiert, um diese Frage zu beantworten. Und wenn man einmal die Baustellen, Abfahrten oder Steigungen und plötzliche Unfälle außen vor lässt, liegt es am Ende eben doch allzu oft an den Fahrern selbst. »Ohne erkennbaren äußeren Faktor kann auf einer vollen Autobahn ein eigenwilliger Fahrstil einen Stau provozieren«, sagt Erwig. Er meint damit Autofahrer, die überraschend bremsen oder immer wieder stark beschleunigen und damit das Fahrverhalten anderer Autofahrer beeinflussen. »Extremes Fahren kann zum Stau führen«, sagt Erwig. Vor allem, wenn die Straßen voll sind. Wer sich hingegen homogen im Fluss verhält und damit zugleich konstant und berechenbar fährt, schont nicht nur die eigenen Nerven, sondern bricht auch mit dem »Ziehharmonikaeffekt«, der sich von einer Bremsung bis zum Stau aufbauen kann. »Homogenität ist der natürliche Feind des Staus«, sagt Erwig. Raser und aggressive Fahrer hingegen, die es scheinbar so furchtbar eilig haben, sorgen dafür, dass am Ende alle länger brauchen. Und ihre »Gegner« könnten schon den nächsten Stau provozieren, warnt Erwig: »Auch wer andere Fahrer blockiert, sorgt für neue Behinderungen. Wer Raser zu stoppen versucht oder links 110 fährt, tut der Stauverhinderung keinen Gefallen, sondern setzt im Gegenteil einen neuen Stauimpuls.«

Wie wichtig das gleichmäßige Fahren ist, hat der japanische Physikprofessor Yuki Sugiyama mit Kollegen in einem simplen Experiment bewiesen. Er wollte zeigen, dass sich Staus entwickeln können, für die es nicht immer eine für alle Autofahrer offensichtliche Erklärung – wie beispielsweise einen Unfall, ein Elefantenrennen zweier LKWs oder eine Fahrbahnverengung – gibt. Umgangssprachlich werden solche Stillstände als Staus aus dem Nichts bezeichnet. Sugiyama demonstrierte hingegen, dass selbst dann Staus entstehen, wenn der Verkehr eigentlich noch fließen könnte. Dafür ließ Sugiyama 22 Autos über eine Rundstrecke von 230 Metern im Kreis fahren. Die Fahrer waren angewiesen, exakt 30 Stundenkilometer zu fahren. Praktisch aus dem Nichts entstand jedoch plötzlich ein Stau, einige Autos kamen zum völligen Stillstand. Wären die Fahrer stur mit der exakt gleichen Geschwindigkeit und vor allem dem gleichen Abstand gefahren, wäre es dazu nicht gekommen, aber Menschen sind keine Maschinen und fahren mal 29 Stundenkilometer, dann 32. Sie bremsen abrupt und sind immer wieder unaufmerksam. So breitete sich dieser Stau mit etwa 20 Stundenkilometern gegen die Fahrtrichtung aus. Sugiyama erklärt das in seinem Aufsatz wie folgt: »Kleine Geschwindigkeitsänderungen der Fahrzeuge gibt es immer im fließenden Verkehr. Wenn die Verkehrsdichte niedrig ist, verschwinden diese Schwankungen ohne Auswirkungen auf andere Fahrzeuge. Aber wenn die Dichte zunimmt und einen kritischen Punkt überschreitet, kann der freie Fluss unterbrochen werden.« Das ist dann der Stau aus dem Nichts.

Ungeachtet der Verkehrsdichte gilt somit: Je besser sich der einzelne Pendler dem Verkehrsfluss anpasst, desto größer ist die Chance, dass er nicht dazu beiträgt, den nächsten Stau zu verursachen.

Der Duisburger Stau-Forscher Michael Schreckenberg hält ein generelles Tempolimit jedoch für »Unsinn«. Seit Jahren plädiert er stattdessen für flexible Tempoleitsysteme, die Tempohinweise je nach Verkehrsfluss anzeigen: »Wenn es die Verkehrssituation erfordert, ist Tempo 80 oder 60 erforderlich, um den Verkehr im Fluss zu halten. Das funktioniert viel besser als dauerhaft Tempo 130.« Auch TomTom-Manager Erwig ist skeptisch gegenüber Tempolimits. Er verweist auf die Niederlande, wo pauschale Geschwindigkeitsbegrenzungen kaum zu einer Verbesserung des Verkehrsflusses beigetragen hätten. 2012 wurde das Tempolimit auf vielen Straßen von 100 oder 120 auf 130 Stundenkilometer erhöht. Begründung der Regierung: Der Verkehr solle schneller fließen.

Erwig fährt selten lange Strecken im Auto, auch weil ihn Staus nerven, aber vor allem weil er sich schon so oft getäuscht hat, wenn er glaubte, mehr zu wissen als sein Navigationsgerät. »Wenn ich nach Berlin reinfahre, ist es mir immer wieder passiert, dass die Navigation mich umlotsen wollte, ich aber keine Probleme erwartete und das Gerät ignoriert habe.« Am Ende stand Erwig doch wieder im Stau. In der Innenstadt genügt bisweilen schon ein Müllwagen, um den Verkehr auf den schmalen Straßen zum Stillstand zu bringen. Natürlich lässt Erwig keine Gelegenheit ungenutzt, auch Werbung für TomTom zu machen. Begeistert erzählt er davon, dass Kunden bereit sind, für den Zeitgewinn zu zahlen. »Das ist schließlich der Deal«, sagt Erwig. Umso interessanter ist, dass er mit Werbung vorsichtig sein muss. Denn wenn die Navigation sich zu gut verkaufen würde, gäbe es irgendwann eine Stauentlastung – selbst für jene, die gar kein Gerät gekauft haben. Es würden so viele TomTom-Nutzer andere Routen fahren, dass auch für die Nichtkunden eine Entlastung sichtbar würde und der Zeitvorteil der Kunden am Ende zusammenschmilzt. Das wäre der Fall, wenn nur 12 Prozent aller Autos mit TomTom führen und den Verkehrsempfehlungen der bisweilen dominanten Frauenstimme via Mobilfunk in Echtzeit folgten. So haben es die Mathematiker im Unternehmen berechnet. TomTom stellt das vor eine große Herausforderung: »Unser Unternehmen muss sich wandeln: von der reinen Bereitstellung der Verkehrsinfo hin zum Verkehrsmanagement.« Noch fühlen sich Autofahrer vor allem in der Urlaubszeit wie Lemminge. Wenn einer abfährt, fahren oft dutzende hinterher. Und haben dann in Ortsdurchfahrten, die sie nie kennenlernen wollten, viel Zeit zu überlegen, ob nun der Beifahrer, das Wetter oder die Technik schuld ist.

Wie aber kommt der Autopendler nun am schnellsten ans Ziel? Schreckenberg hat dafür eine einfache Daumenregel. Staus, die nicht durch eine Vollsperrung verursacht wurden und kürzer als vier Kilometer auf der Autobahn sind, sollten durchgehalten werden. Innerhalb von Städten ist es fast unmöglich, Staus zu umfahren. Hier appellieren Verkehrsexperten an die Fahrer, möglichst nicht zur Rushhour loszufahren. Zahnarzthelfern, Schuhverkäufern und Bankangestellten, die keine Gleitzeit haben, wird das kaum weiterhelfen. Sie haben nur eine Option: das Verkehrsmittel zu wechseln – und am Stadtrand vom Auto in die S-Bahn umzusteigen.

Staus kündigen sich auch für diesen Sommer bereits an. Schon im Frühjahr meldet das Baustelleninformationssystem von Bund und Ländern mehr als hundert Baustellen für den Sommer 2014 allein für Nordrhein-Westfalen. Es ist ein Netz der Zwangspausen, so eng gewebt, dass kaum ein Pendler im Ruhrgebiet ohne Baustelle zur Arbeit fahren wird. Weitere Kandidaten bleiben die A1 und A7 bei Hamburg und die A8 zwischen München und Stuttgart. Als Alternative bleibt vielen dann nur die Bahn – im besten Fall klimatisiert.

Dort sitzen die meisten Pendler im Großraumwagen und hoffen auf eine Ankunft höchstens »wenige Minuten später«. Wie schnell jedoch aus wenigen Minuten 10, 15 oder gar 60 Minuten werden, weiß Tino Spring ganz genau. Der 41-Jährige ist Chef der Netzleitzentrale der Deutschen Bahn. Mit einer Handvoll Mitarbeiter trifft Spring die ganz großen Entscheidungen: Wird der Bahnverkehr wegen Sturmschäden eingestellt? Soll der ICE wegen einer Signalstörung umgeleitet werden? Und, und, und.

Von außen betrachtet muss 2013 für Spring ein Horrorjahr gewesen sein. Als da wären: die Stürme Christian und Xaver, die Norddeutschland zeitweise vom Fernverkehrsnetz weitgehend abgeschnitten hatten, das Elbehochwasser in Ostdeutschland mit Auswirkungen auf den Zugverkehr zwischen Berlin und Köln bis weit in den Herbst hinein, Hohlräume im Essener Stollen, die wochenlang Nordrhein-Westfalens Pendlerhochburg vom IC und ICE-Netz abschnitten und schließlich das Chaos um das Mainzer Stellwerk, das wegen Personalmangels nur einen Bruchteil der üblichen Züge nach Mainz leiten konnte. Und was sagt Spring: »Das Jahr war aus meiner Sicht kein besonderes.« Vielleicht muss man so pragmatisch sein, wenn man über 33500 Kilometer Netz wacht. Irgendwo brennt es schließlich immer, auch wenn »die Zahl der Böschungsbrände zuletzt eher gesunken ist«. Was die Sache nicht einfacher macht und vielen Menschen gar nicht bewusst ist: Schon heute teilen sich dieses Netz 390 Wettbewerber. Die Deutsche Bahn AG ist nur ein Anbieter von vielen und muss am Ende dafür sorgen, das möglichst viele der rund 39000 Züge pünktlich sind.

Um zu zeigen, wie das geht, öffnet Spring eine laminierte Glastür in der Frankfurter Netzleitzentrale; dahinter sieht es aus wie in der Kommandozentrale eines Science-Fiction-Films. Der Raum ist abgedunkelt, »damit die Mitarbeiter die Monitore besser sehen können«, wie Spring sagt. Acht dieser Bildschirme hat jeder Beschäftigte im Blick, gerade einmal drei Mitarbeiter wachen über das gesamte Netz der Deutschen Bahn. Wenn die Mitarbeiter wie an diesem Morgen in Frankfurt entspannt sind, lässt sich daran ablesen, dass gerade hunderttausende Menschen beizeiten zur Arbeit kommen. Doch wer mit Tino Spring spricht, muss sich wundern, dass überhaupt ein Zug pünktlich ist. Nicht weil seine Abteilung ihre Arbeit nicht macht, sondern weil so viel passieren kann. Spring zählt auf: Signale können ausfallen, weil Kabel geklaut wurden. Täglich müssen die Mitarbeiter auf Polizeieinsätze reagieren – sei es, dass ein Straftäter entlang einer Bahnstrecke flüchtet oder Kinder auf Gleisen spielen. Hinzu kommen die Sturmklassiker – umgestürzte Bäume, die die Stromkabel beschädigen oder das Gleis unpassierbar machen. Täglich gibt es zudem durchschnittlich drei Suizide von Menschen, die sich von einem Zug überrollen lassen. Diese Tragik sorgt für enorme Verspätungen, da nicht nur Ärzte, sondern auch Staatsanwälte zur Strecke ausrücken und die daraus resultierenden Verspätungen leicht zwei Stunden übersteigen können. Und dann noch der Evergreen der Durchsage: »Wegen einer technischen Störung am Triebfahrzeug verspätet sich die Weiterfahrt auf unbestimmte Zeit.«

All das geht nicht spurlos an den fünfeinhalb Millionen

Fahrgästen vorbei, die täglich beim Marktführer einsteigen. Die Zahl der offiziellen Beschwerden stieg denn auch 2013 auf das Rekordhoch von 1,25 Millionen. Kein Wunder. Spring und sein Team mussten zum Beispiel im Juni so oft in den Fernverkehr eingreifen, dass gerade einmal zwei von drei Zügen noch pünktlich waren. Sich selbst gegenüber ist die Bahn allerdings recht tolerant. Erst Züge mit sechs Minuten Verspätung gelten als unpünktlich. Immerhin erreichten neun von zehn Zügen ihr Ziel mit einer Verspätung von höchstens 15 Minuten. Und: Nur einer von 100 Nahverkehrszügen fährt auf den kurzen Strecken eine Verspätung von mindestens 15 Minuten ein. Da kann kein Autofahrer mithalten.

Wer dennoch unzufrieden ist, sollte sich schlicht beschweren. Von den über eine Millionen Beschwerden kam die Bahn dem Fahrgast schließlich in neun von zehn Fällen mit einer Erstattung oder Gutscheinen entgegen. Daran wird sich wenig ändern. Seit einem Urteil des Europäischen Gerichtshofes ist die Bahn gezwungen, auch bei höherer Gewalt wie Hochwasser oder Streik Entschädigungen zu zahlen.

Damit es gar nicht so weit kommt, versucht Spring Ausfälle im Netz möglichst schadlos zu kompensieren. Aber an der größten Herausforderung scheitert die Bahn noch regelmäßig – eine präzise Voraussage, wie groß die Verspätung bei einem Zwischenfall wird. »Die Störungen sind selten stabil, sondern sie leben«, verteidigt Spring sein Unternehmen. Das klingt nun wirklich ein wenig nach Science-Fiction, aber dann erklärt der zurückhaltende Mann, was er damit meint: Wie lange ist ein Signal gestört? Die Mitarbeiter an den acht Monitoren können das nicht wissen. Aber sie greifen auf ihre Erfahrung zurück und leiten Züge lieber um, als sie auf eine Strecke zu schicken, die gerade blockiert ist. Ist der Zug erst mal unterwegs, kann er nicht zurück, auch wenn die Störung nach Minuten behoben ist. »Da kommt es dann schon einmal vor, dass der Regionalexpress zum Ärger eiliger Fahrgäste schneller als der IC von Frankfurt aus in Gießen ist«, sagt Spring.

Da die Bahn Jahr für Jahr mehr Passagiere und Güter befördert, stößt die Auslastung einzelner Strecken längst an Grenzen. Allein auf der Strecke von Frankfurt nach Mannheim, der so genannten Riedbahn, sind im Durchschnitt täglich 300 bis 350 Züge (inklusive Güterverkehr) unterwegs. »Je enger die Taktung, desto weiter tragen sich Verspätungen durch das Netz«, sagt Spring. Lobbyverbände der Fahrgäste fordern deshalb schon lange die Etablierung des Schweizer Modells. Die Initiative Deutschland-Takt beschreibt es so: »Je nach Bedeutung eines Knotenbahnhofs treffen alle 15, 30 oder 60 Minuten sämtliche Züge aus den verschiedenen Richtungen ein. Nach wenigen Umsteigeminuten setzen sie sich dann alle wieder in Bewegung. Auch die Abfahrtszeiten von Bussen und zum Teil sogar Seilbahnen sind einbezogen und tragen das vernetzte System bis weit in die Fläche. So kommen Reisende zuverlässig, häufig, schnell und weitgehend ohne Fahrplanstudium überall hin, selbst wenn sie mehrfach umsteigen müssen und einen abgelegenen Ort erreichen möchten ... Der Schienenausbau in der Schweiz orientiert sich streng an diesem Konzept. Nicht möglichst schnelle Punkt- zu Punktverbindungen sind das Ziel, sondern eine schrittweise Verkürzung der Gesamtreisezeit. Der Taktschlag am Zielbahnhof gibt vor, wie rasch ein Zug eine bestimmte Strecke passieren muss.« Weil jedoch in Deutschland die Regionalverkehre je nach Bundesland unterschiedlich organisiert sind, passt die Realität hierzulande laut Initiative Deutschland-Takt in einen Satz: »Es knirscht an den Nahtstellen zwischen ICE/IC einerseits und Nahverkehr andererseits.«

Wie schön, wenn man Gesagtes am eigenen Leib erleben durfte. Wenn ich meine Eltern bis vor wenigen Jahren im 180 Kilometer entfernten Nordenham besuchen wollte, dauerte die Fahrt mit Regionalzügen dreieinhalb Stunden. Die Wartezeit im Bremer Hauptbahnhof betrug exakt 59 Minuten. Wenn ich auf Gleis drei einfuhr, konnte ich mich darauf verlassen, gerade noch die roten Rücklichter des Zuges nach Nordenham zu sehen. Es gibt Psychologen, die behaupten, jeder Mensch habe schon ein Trauma erlebt. Vielleicht hat meines rote Rücklichter. Besser wurde es erst, als die Regionalstrecke von Bremen nach Nordenham an einen Wettbewerber der Bahn vergeben wurde. Denn damit wurde auch der Fahrttakt angepasst – zur Freude aller, die nicht in Bremen bleiben wollten. Die Wartezeit verkürzte sich um 40 Minuten.

Spring kennt viele solcher Einzelfälle, aber was soll er machen? Er sagt, dass das Netz der Deutschen Bahn komplexer sei als der Betrieb eines Flughafens. Aus drei Gründen: Auf den Gleisen fahren sowohl langsame Regionalzüge als auch bis zu 300 Stundenkilometer schnelle ICEs, es mischen sich Güter- und Personenverkehr und die Bahn teilt sich das Netz mittlerweile mit rund 300 Konkurrenten.

Der Pendler Oskar Osen, der jüngst in eine Hamburger WG gezogen ist, weiß als Softwareentwickler für Auto- und Luftfahrtkonzerne, wie komplex Systeme werden können. Doch was er vor einiger Zeit erlebte, als er nach Los Angeles fliegen wollte, wird er trotzdem so schnell nicht vergessen. Mit einem Puffer von zwei Stunden ist er in Karlsruhe Richtung Frankfurter Flughafen losgefahren. Der Puffer war fast doppelt so groß wie die reine Fahrtzeit von eineinviertel Stunden. Dann aber schmolz er dahin. Eine Stunde stand der Zug am Mannheimer Bahnhof, dann fuhr der ICE weiter – aber nach Mainz. Osens Puls hämmerte, die Nerven lagen blank. »Das Schlimmste ist in solchen Momenten immer die Ungewissheit, weil keiner verlässlich Auskunft gibt.« In letzter Sekunde erwischte Osen eine S-Bahn. Bis zum Abflug waren es da noch 45 Minuten. Osen rannte durch den Flughafen und bekam den glücklicherweise ebenfalls leicht verspäteten Flieger im Moment des Abkoppelns von der Gangway. Er hat zwar Verständnis für Verspätungen, aber er erwartet im Gegenzug Verlässlichkeit. »Die Informationspolitik ist nach wie vor rückständig. Wenn mir die Zugbegleiter sagen würden, ich bin mit 45 Minuten Verspätung in Hamburg-Altona, kann ich entsprechend planen. Dann kann ich Termine umlegen oder noch ein Projekt am Laptop beginnen, das zeitintensiver ist. Stattdessen wird man zu oft hingehalten.«

Einer, der sich deswegen immer wieder mit dem Bahnmanagement angelegt hat, ist Karl-Peter Naumann. Der 63-Jährige war über 15 Jahre Chef des Fahrgastverbandes Pro Bahn. Auf die Frage, warum die Bahn noch immer im Ruf steht, eine salamitaktische Informationspolitik zu betreiben, gibt er eine schnelle Antwort. »Die einzelnen Teile des Betriebssystems sind allzuoft noch händisch vernetzt. Wenn da ein Stellwerkmitarbeiter damit beschäftigt ist, das Signal auf Rot zu schalten, kann er nicht zeitgleich für ein anderes Gleis die Verspätungsmeldung herausgeben.« Naumann war einmal in Thüringen unterwegs und hat das Stellwerk Großheringen besucht. Die Hälfte des Verkehrs wird dort zwar mittlerweile vom elektronischem Stellwerk in Leipzig aus geregelt, der Rest aber vom lokalen Stellwerk aus – die Weichen werden zum Teil noch mit Muskelkraft bedient.

Im Zweifel hat die Sicherheit natürlich Vorrang vor der Informationspolitik. Erst wird die Schranke bedient, dann der PC. Aber »oft fehlt schlicht der direkte Hinweis des Zugpersonals auf Alternativen«, sagt Naumann. Wann kommt der nächste Zug, wie lange dauert die Einschränkung? Diese ganz einfachen Antworten sind es, die die Fahrgäste noch immer vermissen. Und wenn sie denn kommen, gehen diese Informationen zu oft im knarzenden Gemurmel der Lautsprecherdurchsagen unter oder werden mal eben von der englischen Übersetzung am Nachbargleis übertönt. Ärgerlich ist auch, wenn Pendler bewusst teure Fahrkarten kaufen, um in Ruhe zu arbeiten, der ICE ausfällt und der Ersatzzug keine erste Klasse anbietet. So erlebt es der Bahnkritiker Naumann hin und wieder: »Diese Komfortverlässlichkeit erwarten die Reisenden von der Bahn.«

Warum bekommt die Bahn ihre Verspätungen und vor allem die Informationen darüber nicht in den Griff? Die Antwort dazu soll es am Potsdamer Platz in Berlin geben. Uniformierte Bahnmitarbeiter empfangen die Gäste, dann fährt ein Fahrstuhl in den 25. Stock des Bahntowers. Zweimal links abbiegen und schon ist der Besucher im Büro von Rüdiger Grube. Seit 2009 ist der frühere Airbus- und Daimlermanager Bahnvorstand. »Als ich zur Bahn gekommen bin, hätte ich nicht gedacht, dass die Bahn komplexer ist als ein Flugzeughersteller und ein Autokonzern«, sagt Grube. Dann erzählt er begeistert vom Zusammenwirken von Schiene und rollendem Rad, von Leit- und Sicherheitstechnik, Verkehrsverbünden, schnellen ICEs, die mal mit 320, dann mit 250 oder nur mit 230 Kilometern auf den gleichen Gleisen fahren wie 120 Kilometer schnell fahrende S-Bahnen oder die noch langsameren Güterzüge. Sieben Leitzentralen koordinierten den Verkehr und müssen mit knapp 2000 technischen Störungen am Tag umgehen. 310000 Mitarbeiter beschäftigt die Bahn und gut 20 Mitarbeiter berichten direkt an den Bahnchef. Dazu pendelt Grube auch noch zwischen Berlin und Hamburg. Dort lebt seine heutige Lebensgefährtin, die Sterneköchin Cornelia Poletto.

Vor zwei Tagen ist Grube wieder nach Hamburg gefahren. Der Zug kam auf die Minute genau im Hauptbahnhof an. Es ist eine gute Woche für den Bahnchef. Neun von zehn Fernverkehrszügen sind gerade pünktlich. »Das schaffen wir nur dann, wenn wenig gebaut wird und das Wetter keine Kapriolen schlägt«, sagt er. Jeden Morgen erhält Grube darüber eine Übersicht. Darin aufgelistet: Bombenalarm durch herrenloses Gepäck, Suizide, Kabelklau, technische Störfälle und vieles mehr. Hunderte Gründe am Tag für die Verspätung, aber keine Entschuldigung für die nach wie vor schlechte Informationspolitik der Bahn. »Im Zeitalter der Kommunikation kann es nicht sein, dass wir die Kunden so schlecht über Verspätungen, Wagenreihungen und Abfahrtsgleise informieren. Die Reiseinformation muss immer stimmen«, sagt der Bahnchef.

48 Minuten nach dem Gesprächsende soll in Berlin der Zug Richtung Köln von Gleis 13 im Obergeschoss abfahren. So steht es auch um 18:40 Uhr noch an den Anzeigetafeln. Doch das Gleis wird da längst von Polizisten abgeschirmt. Es ist für

den Zugverkehr wegen eines Notarzteinsatzes gesperrt. Die Beamten können nicht weiterhelfen, die Bahnmitarbeiter raten dazu, nach unten zu gehen. Im Internet ist die Zuginformation verschwunden, so als sei er pünktlich abgefahren. Wenig später steht auf der Homepage »Halt entfällt«. Soll ich mich nach Spandau durchschlagen, dort soll die Strecke wieder frei sein? Doch wie hunderte anderer Zuggäste, die entweder hektisch ihre Smartphones durchsuchen oder angestrengt versuchen, die spärlichen Durchsagen zu verstehen, entschließe ich mich zum Bleiben. Mit 40 Minuten Verspätung fährt der Zug dann von Gleis fünf ab. Warum bekommt die Bahn solche Momente nicht in den Griff? Der Bahnchef selbst hatte im Gespräch eine schlüssige Erklärung. Sie ist ziemlich kompliziert und geht so: Mitte der 90er Jahre investierte die Bahn in ein Informationssystem, das die Verspätungen an den Bahnhöfen vollautomatisch anzeigen sollte. Wegen der vorgeschriebenen Trennung von Netz und Betrieb hatte die Bahn aber ein Problem. Das IT-System der DB Netz AG, die das Schienennetz der Bahn betreibt, darf nicht für den Betrieb der Fernzüge genutzt werden. Sonst könnten Wettbewerber kritisieren, dass die DB Netz die Bahnkonkurrenz benachteiligt. Die Eisenbahnverkehrsunternehmen – und damit auch der Personenverkehr der Deutschen Bahn – mussten daher in ein eigenes Steuerungssystem ihrer Züge investieren. Da gingen die Probleme dann los.

Die Funktionsweise der beiden IT-Systeme ist nämlich unterschiedlich: Die Disponenten von DB Netz, die zum Beispiel für Tino Spring in Frankfurt arbeiten, haben mittels der Echtzeitdaten zum jeweils aktuellen Ort aller Züge in Deutschland immer den Ist-Zustand im Blick und treffen auf dieser Datenbasis ihre Entscheidungen, welche Züge im Störungs- oder Verspätungsfall Vorfahrt bekommen. Die daraus resultierenden Rohdaten zum veränderten Fahrplan werden an die IT-Systeme der betroffenen Eisenbahnverkehrsunternehmen übermittelt und dort verfeinert. Im Falle des DB Personenverkehrs errechnen die Systeme über spezielle Algorithmen hingegen Prognosedaten. Diese sollen dem Fahrgast über www.bahn.de oder die DB Navigator-App die voraussichtliche Verspätung seines Zuges mitteilen. Im Idealfall funktioniert der Datenaustausch zwischen den beiden IT-Systemen reibungslos und die Fahrgäste erhalten sowohl über die Bahnhofsanzeigen, die sich aus den Informationen von DB Netz speisen, wie auch über die Online-Portale des Personenverkehrs verlässliche und konsistente Reiseinformationen. Wenn aber Großstörungen den Fahrplan durcheinanderwirbeln – wie das schwere Sturmtief Xaver seinerzeit –, knirscht es gewaltig im Getriebe: Dann müssen Mitarbeiter aufgrund der Vielzahl von kundenrelevanten Dispositionsentscheidungen die Informationen teilweise manuell in den Computer eingeben und die Systeme laufend aufeinander abstimmen. Sie kommen dann mit der notwendigen Arbeit einfach nicht mehr hinterher. Hindert beispielsweise ein umgestürzter Baum einen Zug an der Weiterfahrt, müssen die Mitarbeiter in den Netzzentralen schnell entscheiden, ob die Fahrgäste zurück zum letzten Bahnhof gebracht werden können, ein Ersatzzug zum Einsatz kommen kann oder ein Ersatzverkehr mit Bussen eingerichtet werden muss. Hier sind nicht nur Informationen vom Zugpersonal und von eventuell herbeieilenden Notfallmanagern vor Ort gefragt. Auch Disponenten von Ersatzzügen oder -bussen in den regionalen Depots müssen einbezogen werden.

Damit das endlich ein Ende hat, eilt Bahnchef Grube wenige Wochen nach unserem Gespräch in Berlin in einen Sitzungsraum des alten Konzernsitzes in Frankfurt. Hier, in Raum G2.019, soll die Revolution beginnen. Die wichtigsten Vorstände haben sich versammelt. Das Ziel: Eine Software zu entwickeln, die jeden Reisenden in Echtzeit über die Verkehrssituation und vor allem über alternative Reisemöglichkeiten informiert. Die Runde sitzt gerade zusammen, da kommt schon das jüngste Ärgernis zur Sprache. Eine falsche Ansage zwischen Bad Staffelstein und Zapfendorf. Auf www.bahn.de wurde eine Zugverspätung von sechs Minuten angezeigt, am Gleis hingegen gab es den Hinweis »Schienenersatzverkehr! Zug fällt aus!«. Grube kann so etwas zur Weißglut bringen, aber wie kann er es ändern? Der Bahnchef drängt nun darauf, die Informationen vollständig zu harmonisieren. Ob Smartphone, Bahnhofsanzeige oder Internet, überall soll das Gleiche stehen. 35 Mitarbeiter stellt Grube nun für das Projekt »Reisendeninformationen« ab und will insgesamt viele Millionen Euro investieren, um diesen Fehler dauerhaft zu beheben.

Schon in Berlin sagte Grube mit Blick auf das Projekt: »Wir brauchen einen echten Durchbruch.« Er könne die Wut der Menschen im Land verstehen, wenn die Bahn eine Ankunft um 9 Uhr verspricht, die Sitzung des Pendlers um 9:30 Uhr beginnt und der Zug dann erst um 9:40 Uhr ankommt. »Die Pendler möchten nur eines. Verlässlich ans Ziel gebracht werden. Wir müssen mit aller Kraft das Versprechen, das wir geben, einhalten«, sagt Grube.

Selbst ins Silicon Valley will er ein Team schicken. Dort suchen Softwareexperten und Mathematiker nach Start-ups, die vielleicht schon eine Software für das Verkehrsmanagement und die immer komplexer werdenden Mobilitätsanforderungen entwickelt haben, auf die die Bahn dann zurückgreifen könnte. Eigentlich eine unglaubliche Geschichte: Weil über Jahrzehnte die Investitionen in Schiene und Züge vernachlässigt wurden, wird nun das Heil im Internet gesucht. Die Zukunft des Pendelns besteht nicht mehr nur aus Straßen und Schienen, sondern vor allem aus Datenautobahnen.

Kapitel 9

Die Zukunft des Pendelns

Es ist das Mekka der modernen Unterhaltungselektronik: die CES-Messe in Las Vegas. Dort wurde einst der Videorekorder präsentiert, später der Computer C64, das Spiel Tetris und die DVD. Die Messe setzt Trends für das Wohn- und Kinderzimmer. Meist eröffnete Microsoft-Gründer Bill Gates die Branchenschau mit seinem Auftritt. Im Jahr 2014 zählte Rupert Stadler zu den ersten Rednern. Stadler stand auf der Bühne wie sonst so viele Start-up-Unternehmer – ohne Krawatte, den obersten Hemdknopf offen, das Mikro an der rechten Wange versteckt, damit er mit den Händen umso ausschweifender gestikulieren konnte. Dann sprach er über die Zukunft seiner Branche. Doch Stadler ist kein Chef eines jungen Internetunternehmens, sondern eines Konzerns mit über 100 Jahren Geschichte: des Autobauers Audi.

Tags darauf beschrieb die *Süddeutsche Zeitung*, wie Audi aus seinen Fahrzeugen »rollende Smartphones« machen wolle. Von Autos als mobilen Computern ist die Rede, davon, wie Fahrzeug, Smartphone und Tablets, Motoren, Apps und IT-Industrie verschmelzen.

Die Utopien sind so zahlreich wie die Einsatzmöglichkeiten moderner Telefone. Vom selbstständigen Einparken der Autos ist die Rede, während der Fahrer schon einmal in den Supermarkt marschiert; auf dem Weg in die Stadt könnten Autos laufend berechnen, auf welcher Spur der Fahrer am schnellsten ans Ziel kommt. Im Stau wird automatisch Abstand gehalten und kurz vor dem Ziel schon der Parkplatz gebucht.

Glaubt man Rupert Stadler, dann kann das Leben für Autopendler schon ganz bald unheimlich entspannt werden. Unheimlich ist hingegen vielmehr, wie ein weiterer Ort vom

Internet eingenommen wird und es noch einfacher wird, aus Pendelzeit Arbeitszeit zu machen.

Schon heute klappen viele Passagiere auf Flügen von Hamburg nach München ihren Laptop auf, sobald der eindringliche Gong signalisiert, dass die Reiseflughöhe erreicht ist. In der Bahn schimpfen die meisten Pendler nicht über den Ersatz-Intercity, weil er unbequemer ist als der gebuchte und bezahlte ICE, sondern weil nicht in jeder Sitzreihe eine Steckdose ist. Und im Auto? Da ist das Handy meist schon mit dem Bluetooth verbunden, wenn der Fahrer noch den Schlüssel sucht.

Die Vernetzung des Autos ist nicht nur für Audi Realität, sagt Ulrich Eichhorn, Technischer Geschäftsführer beim Verband der Automobilindustrie. Der Ingenieur entwickelte schon Fahrzeuge für Ford, VW und Bentley, heute überblickt er die gesamte Branche. »Die Vision ist das vollautomatisierte Fahren«, sagt Eichhorn. Dann berichtet er von einem Autopiloten de luxe. Der Pendler könnte sich auf die Rückbank setzen, Zeitung lesen, Kaffee trinken oder E-Mails checken, während das Auto selbstständig und über drahtlose Internetverbindungen gesteuert den Weg zum Ziel findet. »Das ist wie ein Taxi, nur mit dem Vorteil, dass ich selbst das Steuer greifen kann, wenn es nötig ist.« Wer mit RTL plus groß wurde, sieht sich wohl weniger auf der Rückbank eines elfenbeinfarbenen Mercedes, sondern eher am Steuer von K.I.T.T., dem schwarzen und bis zu 300 Meilen pro Stunde schnellen Pontiac Firebird Trans Am des Knight Riders. Noch aber ist das ein Traum, denn das vollständig computer- oder internetgesteuerte Fahren ist verboten. Heißt es doch seit 1968 im Wiener Übereinkommen über den Straßenverkehr, das auch die Bundesregierung seinerzeit unterschrieben hat: »Jedes Fahrzeug und miteinander verbundene Fahrzeuge müssen, wenn sie in Bewegung sind, einen Führer haben.« Dass der Fahrzeugführer auf Autopilot schaltet, ist dabei noch nicht vorgesehen. Stattdessen muss jeder Fahrer sein Fahrzeug dauernd beherrschen können, wie es an anderer Stelle des Abkommens heißt.

Der Pendler bleibt wohl noch Jahrzehnte hinter dem Lenkrad, vermutet Eichhorn, aber dort könnte es weniger anstrengend werden – und vor allem weniger gefährlich. So wirbt der Automobilzulieferer Continental bereits mit einem Stau-Assistenten, der 2016 in Serie gehen könnte. Die Werbung ist schon jetzt Balsam für jeden Pendler: »Der Fahrer delegiert den Stress einfach per Knopfdruck an das Fahrzeug. Bremsen, Anfahren und das Einhalten des Sicherheitsabstands erfolgen automatisch, der Kopf bleibt frei für die Lieblingsmusik, ein Telefonat oder die Unterhaltung mit dem Beifahrer. Durch die Vernetzung mit der Infrastruktur erkennt das Fahrzeug sogar das Stauende und übergibt zuverlässig wieder an den Fahrer.« Eichhorn ist solche Fahrzeuge bereits Probe gefahren. Er hat auch schon den Autobahnpiloten kennengelernt. Diese Hilfssoftware ist gedacht für einfache Verkehrssituationen, die klassischerweise auf Schnellstraßen erlebt werden. Dabei übernimmt ein Computer im Fahrzeug einfache Überhol- und Bremsvorgänge. Im Notfall fährt das Auto eigenständig auf den Standstreifen, bleibt stehen und setzt einen Notruf ab. »Diese zusätzlichen Programme werden den Pendlern eine Menge Stress ersparen«, sagt Eichhorn. Wenn er recht behält, dann wird der Autopendler von Jahr zu Jahr mehr zu einem Bahnpendler. Er wird leichter erreichbar sein, selber nebenbei E-Mails schreiben können, ohne den Verkehr zu gefährden, und deutlich entspannter ans Ziel kommen als heute.

Die Mobilität von morgen, so die große Hoffnung der Industrie, wird bequemer und erträglicher. Wenn der New Yorker Professor Mitchell Moss recht behält, ist das auch bitter nötig. Ihm zufolge entwickelt sich das 21. Jahrhundert »zum Jahrhundert der Super-Pendler«. Moss meint damit Pendler in den Vereinigten Staaten, denen keine Strecke zu weit ist und die ein-, zweimal die Woche weit über 300 Kilometer pendeln. Das Internet sorge dafür, dass diese Menschen in der Lage sind, ihre Arbeit auch unterwegs zu erledigen, schreibt Moss und in vielen Städten hat er tausende dieser Langstreckenfahrer ausgemacht. So sei die Zahl der Super-Pendler nach Manhattan zwischen 2002 und 2009 um 60 Prozent gestiegen. Die Menschen kommen aus Philadelphia, aus Boston und mehr als 2700 sogar aus dem 600 Kilometer entfernten Buffalo.

Von Tucson pendeln 54000 Menschen ins 190 Kilometer entfernte Phoenix, von Houston nach Dallas (385 Kilometer) sind 44000 Pendler unterwegs und in die Gegenrichtung gar 51900. Auch früher schon, schreibt Moss, gab es diese Verflechtungen, etwa in North Carolina zwischen Raleigh-Durham und Chapel Hill, doch das sind Städte, die gerade 40 Kilometer auseinander entfernt liegen. In Dallas hingegen entwickelt sich ein Pendlerdreieck mit Städten, die über 320 Kilometer trennen.

In Deutschland lässt sich Ähnliches beobachten. Überall dort, wo die Verkehrsverbindungen es erlauben: Zwischen Hamburg und München sind die Lufthansa- und Air-Berlin-Flieger voll, zwischen Wolfsburg und Berlin, Frankfurt und Köln oder Mannheim und Stuttgart gibt es Sitzplätze höchstens mal im Speisewagen. Und auf den Autobahnen flucht mancher Fahrer wegen zunehmender Staus und Verkehrsdichte, warum er nicht längst auf die Bahn umgestiegen ist.

Wenn die Strecke jedoch an Bedeutung verliert, dann sollte man davon ausgehen, dass die Pendlerzahlen weiter steigen. Elke Pahl-Weber zählt zu den bekanntesten deutschen Forscherinnen zur Stadtplanung. Die Professorin der Technischen Universität Berlin arbeitet in zahlreichen Forschungsprojekten, beispielsweise über Megacities zu Fragen der Energieeffizienz städtischer Gebäude- und Mobilitätsstrukturen. Sie entwickelt zurzeit in enger Abstimmung mit den Städten Wolfsburg und München ein Konzept, in dem Mobilität und Wohnen zukünftig stärker verknüpft sein sollen. »Ich rechne in vielen Regionen in Deutschland mit stark steigenden Pendlerzahlen«, sagt Pahl-Weber. Ihre Erklärung dafür ist naheliegend: »Schnell wachsende Städte haben schlicht keinen Platz mehr. Sie können an der einen oder anderen Ecke noch Mehrfamilienhäuser bauen, aber bis 2020 werden sie nicht so viel Wohnraum schaffen können, wie Arbeitsplätze entstehen.«

Längere Strecken und weiter steigende Pendlerzahlen. Droht Deutschland bald ein dauerhaftes Verkehrschaos, das in Ballungsräumen wie in Moskau schon zum Leben dazugehört wie der Smog auf den Hauptstraßen? Solche Zustände soll neben anderen ein Unternehmen verhindern, das sich nicht nur um Autos kümmert, sondern um das Geschäft mit Mobilität insgesamt: Siemens. Etwa 90 000 Mitarbeiter arbeiten bei Siemens für den Sektor Infrastruktur & Städte. Es geht um Verkehrsmanagement, Züge und die Vernetzung von Verkehrsträgern, Gebäudetechnologie sowie intelligente Stromnetze. Ein zentrales Thema dabei ist, einen Pendler morgens um 7 Uhr mit Informationen über den schnellsten Weg zur Arbeit zu versorgen und ihm dann den Weg ins Büro so angenehm und stressfrei wie möglich zu machen. Der Mann, der dieses Leben möglich machen soll, schwitzt Anfang des Jahres in Katar. Es ist Siemens-Manager Andreas Mehlhorn, der die Abteilung Mobility Consulting leitet und mal wieder auf Dienstreise ist. Der 46-Jährige berät Städte und Regionen, wenn es darum geht, schneller von A nach B zu kommen. Für ihn sorgt das Pendeln für drei ganz verschiedene Konflikte. Der erste ist jener mit der Umwelt. Mobilität muss künftig viel ökologischer betrieben werden, fordert Mehlhorn. Daher ist es Aufgabe seiner Abteilung, dafür zu sorgen, dass Millionen Arbeiter nicht täglich im Stau stehen. Die Mobilität steht heute zweitens im Konflikt mit der Produktivität. Und drittens gilt es, Qualität und Reiseerlebnis der Pendler so angenehm wie möglich zu gestalten. Neue Kommunikationstechniken spielen dabei eine wichtige Rolle. Die Lösung dieser Herausforderungen beschreibt Mehlhorn so: »Im Grunde geht es darum, Privatverkehr besser zu steuern, so schnell wie möglich von privaten Verkehrsmitteln auf öffentliche umzusteigen sowie Individual- und öffentlichen Verkehr gut zu vernetzen.« Er selbst macht das schon heute laufend vor. Mehlhorn pendelt zwischen Augsburg und München – und zwar multimodal. Das heißt nichts anderes, als dass er dauernd zwischen Auto und Bahn wechselt. Hat er gleich morgens früh ein wichtiges Telefonat, bleibt er im Auto sitzen. Wenn er einfach nur zügig zur Arbeit muss, dann fährt er an die Stadt heran und steigt dann in die S-Bahn. Mehlhorn kann von dutzenden Projekten erzählen, die den Verkehrsfluss in Städten verbessern könnten.

Eines führte ihn nach Halle an der Saale. Dort, auf der Dölauer Straße, kam es lange Zeit Morgen für Morgen zum Stau. Statt zehn Minuten waren Autofahrer fast eine halbe Stunde unterwegs, um in die Innenstadt zu kommen. Der Verkehrsbetreiber des Nahverkehrs in Halle richtete schon 2005 einen Park-and-Ride-Parkplatz ein, um Autofahrer für einen Umstieg auf die Tram zu motivieren. »Er wurde aber kaum genutzt, weil kaum ein Autofahrer die Abfahrtszeiten der Bahn wusste«, erzählt Mehlhorn. Heute ist der Parkplatz ausgelastet. Siemens hat Infrarotsensoren zur Messung der Verkehrsdichte aufgestellt. Droht der Stau, dann registrieren die Sensoren, so genannte »Traffic Eye Universal«, die Verkehrsdichte und senden ein Signal an das Verkehrsmanagementsystem »Concert«, das die Stauinformation auf einem großen Display kurz vor dem Parkplatz gut sichtbar für die Autofahrer auf einer Info-Tafel anzeigt. Darauf stehen zudem die tatsächlichen Abfahrtszeiten für die nächste Bahn und die freien Park-and-Ride-Parkplätze. Allein mit dieser kleinen Maßnahme vermieden die Verkehrsbetriebe schon nach wenigen Monaten 550 Fahrten pro Woche und im Jahr 270 000 Kilometer Autofahrt. »Die Verkehrsbetriebe hatten auf der Strecke einen Zuwachs an Fahrgästen von 15 Prozent«, sagt Mehlhorn.

Quer durch die Republik arbeiten Heerscharen von Mathematikern, Physikern, Ingenieuren und Verkehrswissenschaftlern heute daran, den Fahrfluss zu verbessern. In Potsdam dosieren 30 fein aufeinander abgestimmte Ampeln in den

Spitzenzeiten den Verkehrsfluss. Das Ziel ist hierbei nur langfristig die Verhinderung von Staus. Zunächst einmal geht es den Verkehrsplanern um die Verlagerung. Vom Kern der Innenstadt in die unbewohnten Randlagen. Die »Umweltorientierte Verkehrssteuerung« soll vor allem die verkehrsbedingte Luftschadstoffbelastung innerhalb Potsdams reduzieren. Mit Erfolg. Die Feinstaubhöchstwerte gingen zuletzt um 70 Prozent zurück.

Auf Hochtouren läuft auch das Projekt »Staufreies Hessen 2015«. Das Ziel wird wohl nicht erreicht. Doch die Stauzeiten, vor allem um das berüchtigte Frankfurter Kreuz, gingen im vergangenen Jahrzehnt um 80 Prozent zurück. So genannte Streckenbeeinflussungsanlagen zeigen verkehrsabhängig Geschwindigkeitsbeschränkungen und LKW-Überholverbote an, dynamische Informationstafeln warnen vor Staus und Glatteis, auf Knopfdruck werden Seitenstreifen zeitweise für den regulären Verkehr freigegeben.

Wenn jetzt sogar die Autos über Wlan miteinander verbunden wären, ließe sich der Verkehrsfluss noch besser steuern. Die Verkehrszentralen wüssten dann noch besser als heute, wie sich der Verkehr in den nächsten Minuten entwickelt. Die Navigationsgeräte in den Autos wiederum würden viel präziser als heute Umleitungen empfehlen oder drohende Staus voraussagen. Für den Entwickler Ulrich Eichhorn vom VDA ist damit ein großes Ziel jeden Pendlers in Reichweite: »Die Fahrt wird in Zukunft viel verlässlicher und planbarer. Autofahrer können mit viel kleineren Zeitpuffern den Weg zum Arbeitsplatz antreten«, prognostiziert er.

Es wird im 21. Jahrhundert kaum mehr darum gehen, neue Autobahnen oder neue Schienen zu bauen. Es geht darum, die bestehenden Netze viel, viel besser aufeinander abzustimmen und die Verkehrswege zu optimieren. »Früher haben wir nur Straßen gebaut, damit die Menschen mobil sein können. Heute machen wir den Verkehr intelligent.« Mit diesem Slogan wirbt etwa die hessische Verwaltung für die neue Mobilitäts-Strategie.

Gleiches gilt für den S-Bahnverkehr. »Durch eine intelligente Zugsteuerung könnten die Taktzeiten zwischen den Zügen auf unter eine Minute sinken«, sagt Siemens-Experte Mehlhorn. Über Wlan könnten die Züge weitgehend selbstständig gesteuert werden und der Zugabstand von heute durchschnittlich drei Minuten deutlich reduziert werden. Straßengebühren, die je nach Tageszeit mal höher, mal niedriger sind, könnten das Verkehrsaufkommen besser steuern. Wer dann zum Einkaufen oder in den Urlaub fahren will, weicht vermutlich auf die günstigeren Zeiten aus.

Die große Herausforderung für Stadt- und Verkehrsplaner besteht weltweit darin, dass die allermeisten Städte schon da sind – und damit auch die Infrastruktur. Sie kann nicht neu erfunden werden. Aber was können große Ballungsräume tun, um den Pendlern von morgen das Leben angenehmer zu machen? Die Technische Universität München und Experten des Lastwagen- und Motorenbauers MAN haben dies am Beispiel von 15 Städten zu ergründen versucht. Sie suchten innerhalb so unterschiedlicher Städte wie Los Angeles und Kopenhagen nach einem Muster, das den Verkehrsfluss in einer Stadt von morgen optimiert. Ein Ergebnis: Um Kosten zu sparen, werden viele Städte dazu übergehen, Schnellbussysteme, wie sie etwa schon heute in Istanbul Anwendung finden, auszubauen. Das ist viel günstiger, als neue S- und U-Bahn-Tunnel zu bauen oder Gleise zu verlegen. Der Schienenverkehr ist jedoch das Vorbild, damit am Ende Busse in schneller Frequenz und einer Taktung so dicht wie im U-Bahn-Verkehr durch die Städte fahren. In Istanbul transportieren diese Busse heute bis zu 700000 Fahrgäste täglich.

Der Ausbau von Fuß- und vor allem Radwegen soll schließlich die Autofahrt in Ballungsräumen erübrigen. Als Beispiel gilt nach wie vor Kopenhagen. Die überschaubare Innenstadt durchzieht ein 350 Kilometer langes Radwegenetz. 36 Prozent der Pendler greifen auf das Fahrrad zurück. In Deutschland sind es heute gerade 10 Prozent.

Da, wo der Verkehrsinfarkt längst eingetreten ist, hilft nur noch Abschreckung in Form von Gebühren. Prominentestes Beispiel ist der Großraum London. Vor zehn Jahren führte Bürgermeister Ken Livingstone dort eine Stadtmaut ein. Seitdem, so sagte er dem Verkehrsclub Österreich, sind »die Staus um ein Drittel zurückgegangen, die Busse wurden pünktlicher, haben massiv an Fahrgästen zugelegt und die Luftqualität hat sich verbessert. Die Umsätze des Einzelhandels sind in der Mautzone seit Einführung der City-Maut viermal stärker gestiegen als im landesweiten Schnitt.« Heute zahlen Autobesitzer 10 Pfund, um wochentags in die Londoner Innenstadt fahren zu dürfen.

Selbst in Los Angeles, wo acht von zehn Pendler mit dem Auto zur Arbeit fahren, denken Politiker mittlerweile um. Mit ausgewiesenen Pendlerspuren sollen Fahrgemeinschaften gefördert werden. Inzwischen gibt es auf über 1100 Kilometern Strecke in Südkalifornien Spuren, die nur von Autos mit mindestens zwei Insassen befahren werden dürfen.

Doch am Ende liegt es in der Hand jedes Einzelnen, wie er in Zukunft unterwegs ist. Das Werkzeug dafür passt in jede Hosentasche. Im 25. Stock des Bahntowers liegt es zunächst auf dem Konferenztisch im Büro von Bahnchef Rüdiger Grube. Dann nimmt er es in die Hand. Es ist sein schwarzes iPhone 5. Er tippt auf eine App, dann sagt Grube: »Das ist die Zukunft.« Mit einem Fingerstreich hat er das Programm Touch & Travel geöffnet. Das ist nicht nur Grubes Antwort auf die Zukunft des Pendelns, sondern wohl die der gesamten Verkehrsindustrie. Man braucht dafür lediglich ein Smartphone, und Touch & Travel ist auch nur der erste Schritt. Aber wenn man Grube zuhört, ein ganz entscheidender.

Wer sich bei Touch & Travel angemeldet hat, muss keine Fahrkarte mehr kaufen. Bevor der Kunde zum Beispiel in Leipzig in die Bahn steigt, meldet er sich an einem Kontaktpunkt am Bahnsteig (Touchpoint) an oder nutzt die Positionsbestimmung über das Telefonnetz. Im Zug scannt der Zugbegleiter einen Barcode, den die App anzeigt, und der Kunde meldet sich beim Ausstieg in Berlin wieder über Positionsbestimmung oder den Touchpoint ab. »Die Kunden wollen künftig absolute Flexibilität«, sagt Grube. »Wir liefern diese mit Touch & Travel.« Das Programm soll aus den dutzenden Preisangeboten der Bahn zuverlässig das günstigste für die Kunden herausfiltern. Vor allem aber wurde die Anwendung nicht nur für Züge entwickelt. Kommt der Kunde beispielsweise in Berlin an, kann er dort in den Nahverkehr, aufs Fahrrad oder in einen Mietwagen aus der Flinkster-Flotte der Bahn umsteigen. Moderne Mobilität, sagt Grube, sei die intelligente Verknüpfung aller Verkehrsmittel. »Alles wird miteinander vernetzt und am Monatsende bekommt der Kunde eine Rechnung wie für das Handy.«

Bisher scheitert diese Vernetzung von Schiene, Auto, Bus und Fahrrad vor allem daran, dass sich die Anbieter untereinander nicht gerade herzlich begegnen. Die Bahn hat den großen Vorteil, dass sie die gesamte Mobilitätskette anbietet. Aber es dauert nicht mehr lange, bis sich Menschen nicht mehr für oder gegen die Bahn oder das Auto entscheiden, sondern von Reise zu Reise nur noch für das ideale Verkehrsmittel, das mal der Zug, mal der Wagen und sehr oft eine Kombination sein wird. Eine Studie für die Schweizerischen Bundesbahnen lässt zumindest keinen anderen Schluss zu. Der Wettbewerb zwischen den einzelnen Verkehrsanbietern rücke in den Hintergrund, und »die bessere Verzahnung mehrerer Verkehrsmittel oder -techniken gleichzeitig in den Vordergrund. Ihre Stärken sinnvoll miteinander zu kombinieren wird zum entscheidenden Ziel künftiger Mobilitätsanbieter.«

Die Autoren schlussfolgern, dass sich an den heutigen Verkehrsträgern in den nächsten zehn Jahren wenig ändern wird. »Straßen und Schienennetze, Bahnhöfe und Flughäfen werden 2025 fast genauso aussehen wie heute.« Revolutionieren werde sich hingegen der Umgang damit. Die große Veränderung werde es in der »Software« geben: In »der Art und Weise, wie {Menschen} mit der bestehenden Verkehrsinfrastruktur interagieren, wie sie Verkehrsmittel nutzen«. Für die Autoren der Studie birgt das einen großen Vorteil, denn: »Hier müssen Innovationen nicht Jahrzehnte der Planung vorausgehen, wie dies bei der Hardware der Fall ist. Sie können heute geplant und morgen umgesetzt werden, denn anders als bei neuen Verkehrswegen ... sind Aufwand und Kosten gering.« Die Software kann zudem durch Updates und Upgrades beständig verbessert und ergänzt werden. Darin liege das Innovationspotenzial im Mobilitätsmarkt der Zukunft.

Am Ende fließen vor allem Bytes in den Datenautobahnen. Sie müssen nur noch so miteinander verknüpft werden, dass am Ende alle pünktlicher sind. Die Risiken – Datenklau, Sabotagen oder einfach technische Störungen – thematisiert kaum jemand. Ein wenig hoffen nun alle, dass das Internet unser Verkehrsnetz rettet. Aber vielleicht kommt es gar nicht so weit, weil die Entwicklung, von der Konzerne und Entwickler heute erzählen, viel zu oft an anderer Stelle ausgebremst wird.

Wer mit Siemens-Manager Andreas Mehlhorn spricht, wundert sich, dass die Straßen in Deutschland noch immer verstopft und Züge zu spät sind. Die Technik, das zu ändern, ist schließlich längst da, doch das Beharrungsvermögen der Politik, vor allem in Städten und Gemeinden, ist enorm. Die größte Überraschung in Mehlhorns Berufsleben ist denn auch die Diskrepanz zwischen der Erkenntnis, wo die Probleme liegen, und der Fähigkeit, diese Probleme dann auch zu lösen. Wenn Siemens oder andere Unternehmen Kommunen beraten haben, dann wissen die Politiker danach, wie sie den Verkehrsfluss verbessern könnten. Aber dann passiert erst einmal nichts. Meist ist nämlich der Verkehrsetat längst verplant und es vergehen Jahre, bis genügend freie Mittel zur Verfügung stehen.

Womöglich wird sich der Verkehrsfluss und die Vernetzung von Bussen, Bahnen, Autos und Flugzeugen weniger gewaltig und vor allem langsamer ändern, als viele Innovationsexperten der großen Konzerne dies heute prognostizieren. Mit etwas Pessimismus werden all die Fortschritte der Verkehrstechnik und der Stauwarnungen ohnehin vom Wachstum des Güter- und Personenverkehrs aufgefressen.

Wenn man sich ansieht, wie sich das Mobilitätsverhalten der Menschen in den vergangenen Jahren verändert hat, liegt die Gegenthese viel näher: Gar nichts wird sich ändern. Pendler stehen weiter im Stau, klicken dabei nervös auf ihren Smartphones herum und bald vielleicht auf dem in einen Audi eingebauten iPad 6, 7 oder 8. Ganz im Gegensatz zur Welt von Innovation, Fortschritt und Dynamik, die der Audi- wie der Bahnchef so detailliert und eindrücklich beschreiben, stehen die Beharrungskräfte der mobilen Gesellschaft.

Um die zu verstehen, lohnt es sich einmal, in ein Interview der *BILD am Sonntag* mit dem legendären Formel-1-Weltmeister Juan Manuel Fangio von 1973 einzutauchen. Frage: »Der Staat hat zum Großangriff gegen das Auto geblasen … Nun sollen {Autofahrer} dazu gebracht werden, die Nahverkehrsmittel zu benutzen.« Antwort: »Das wäre ein unverantwortlicher Eingriff in die Freiheit des Menschen. Solange der Staat nichts Besseres als das Auto anzubieten hat, sollte er sich hüten, die Freiheit zu beschränken.« Etwas später heißt es: Nahverkehrsmittel »werden sich auch in zehn Jahren nicht so breitmachen können, um das Auto zu ersetzen. Ich muss wieder von der Freiheit reden. Nahverkehrsmittel sind an Fahrpläne strikt gebunden. Das Auto aber steht jede Minute, 24 Stunden am Tag, 30 Tage im Monat, immer also, zur Verfügung. Das nenne ich die volle Freiheit, in der der Einzelne bestimmen kann, wann er startet.« Fangio gab dieses Interview im Jahr der ersten Ölkrise, das Jahr, in dem der Vordenker Sebastian Haffner im *stern* fragte: »Geht es nicht auch ohne Öl?« Natürlich sei es keine Kleinigkeit, schrieb Haffner, »sich kurzfristig von einem Energieträger auf einen anderen weniger handlichen umzustellen. Aber unmöglich ist es nicht, nur teuer und unbequem … Im Übrigen wäre es kein Schaden, wenn bei dieser Gelegenheit die sowieso früher oder später fällige Ablösung des Benzinautos durch das Elektroauto beschleunigt würde.«

Mal abgesehen davon, dass beide Berühmtheiten lange tot sind, hätten diese Artikel sich mit kleinen Änderungen in aktuellen Medien wiederfinden können. Und wie hat sich das Mobilitätsverhalten der Deutschen in dieser Zeit verändert? Praktisch gar nicht. Zwei von drei Pendlern fahren Auto, der Rest nimmt den Zug oder das Flugzeug.

Natürlich liegt das daran, dass gerade die entlegenen Regionen, sei es der Nordwesten oder Nordosten Deutschlands, so dünn besiedelt sind, dass sich eine Versorgung allein mit öffentlichen Verkehrsmitteln nicht rechnen würde. Aber dafür, dass die Zukunft des Pendelns für die meisten Menschen das Auto bleibt, trägt auch der Staat eine Verantwortung. Mit Fehlanreizen wie einer Pendlerpauschale, die kurze Pendelstrecken nicht belohnt, mit einer Dienstwagensubvention, die in anderen Ländern ihresgleichen sucht, und mit einer chronischen Unterfinanzierung des öffentlichen Nahverkehrs.

Aber kein Trend ohne Ausnahmen: Noch 1995 kauften Menschen unter 45 Jahren jeden zweiten Neuwagen. Heute sind drei von vier Käufern älter. Zehntausende pendeln mit dem Auto nach Berlin. Aber innerhalb der Stadt gibt es auf 1000 Einwohner noch gerade 250 Autos, während auf dem Land bisweilen acht von zehn Einwohnern ein Auto haben. Zuletzt wurden in Deutschland mit 2,95 Millionen Fahrzeugen weniger Autos zugelassen als im Vorjahr, Menschen unter 30 Jahren kommen immer seltener auf die Idee, zwischen 10000 und 20000 Euro für einen Neuwagen auszugeben, der den Großteil der Zeit auf dem Parkplatz steht.

Bemerkenswert ist auch, was Antje Lenk erzählt. Die Münchnerin vermittelt Manager auf Zeit an Firmen. Meist geht es um wenige Monate und fast immer sind die Jobs mit viel Reiseaufwand für die Führungskraft verbunden. Doch in den vergangenen Jahren hat sie vor allem von Frauen immer wieder mal eine Absage bekommen. »Sie haben schlicht keine Lust, neben dem anstrengenden Job noch viele Stunden auf der Autobahn oder im Zug zu verbringen«, sagt Lenk. Vor allem junge Mütter setzen Lenk klare Grenzen: »Alles, was mit der S-Bahn aus dem Münchener Stadtkern heraus erreichbar ist, wird noch akzeptiert.« Da Lenk jedoch deutschland- und sogar europaweit vermittelt, sei das nicht immer ganz einfach.

Noch etwas wird Menschen künftig die Lust aufs Pendeln nehmen. Es wird in jedem Fall noch viel teurer, als es ohnehin schon ist. Aus vielen Gründen.

Die Allianz von Auto und Internetkonzernen ist kein Altruismus. Es geht nicht darum, den Wunsch des Menschen nach dauernder Erreichbarkeit und Vernetzung zu erfüllen. Es geht am Ende einfach darum, mit den Nöten der Pendler möglichst schnell möglichst viel Geld zu verdienen. Bald schon werden den Autofahrern freie Parkplätze per Smartphone oder Bordcomputer angezeigt. Die Freude dürfte nur kurz dauern, denn diese Parkplätze sind ebenfalls vernetzt und kosten je nach Knappheitsgrad Gebühren. »Parken nur für Reiche«, schrieb *DIE ZEIT* vor Kurzem und witterte schon »unendliche Möglichkeiten zum Abkassieren«. In San Francisco bestimme schon heute die Nachfrage die Parkgebühr, die auf bis zu 18 Dollar pro Stunde steigen kann. Audi wiederum erprobt gerade, wie Parkgebühren automatisch erfasst und monatlich abgerechnet werden können. Auch eine private Maut nach Kilometerleistung wäre deutlich leichter zu erheben, wenn erst mal alles auf Kosten der Autokäufer vernetzt wäre.

Und schließlich bleibt noch die Frage, wie wertvoll Benzin morgen sein mag. Nur so viel: 1999 kostete der Liter Diesel rund 64 Cent, 14 Jahre später sind es 1,42 Euro. Kaum ein Experte rechnet dieser Tage damit, dass Benzin und Diesel künftig billiger werden. Selbst der massive Ausbau von umstrittenen Schiefergasförderungen in den USA hat längst nicht die Preisberuhigung mit sich gebracht, die sich manche erhofften. Das so genannte Fracking ist in Europa umstritten und in den USA viel teurer als gedacht. Dort ziehen sich die ersten Investoren schon wieder zurück. Also ist am Ende doch das Elektroauto die günstigste Alternative? Der Sportwagenbauer Tesla um den selbst ernannten Rebellen Elon Musk macht schließlich damit Furore, schon 2020 eine halbe Million Batterien für Elektroautos zu produzieren. Doch selbst wenn es Musk gelingt, die Kosten dieser Akkus wie versprochen um ein Drittel zu senken, werden deutsche Kunden an anderer Stelle wieder draufzahlen. Mit der Energiewende werden die Strompreise in den nächsten Jahren noch deutlich steigen – übrigens auch für die Bahn, die derzeit von großzügigen Ökostromsubventionen profitiert. Gut möglich, dass künftig mehr als durchschnittlich etwa dreiprozentige Fahrpreiserhöhungen nötig sind. Mobilität wird teurer und dennoch wird sich das Pendlerverhalten in absehbarer Zeit wohl nicht ändern.

Dafür spricht, was Forscher des Massachusetts Institute of Technology jüngst herausfanden. Sie bestätigten mittels Mobilfunkdaten nicht nur, dass jahrzehntealte Theorien über das Pendeln noch immer zutreffen, sondern auch, dass sie auf der ganzen Welt gleich sind. Der typische Weg des Pendlers ist demnach eine Stunde pro Strecke. Zu diesem Ergebnis kamen Kevin Kung, Stanislav Sobolevsky und Carlo Ratti, die die GPS-Daten und Mobilfunksignale von mobilen Menschen in Portugal, Italien, der Elfenbeinküste und den USA auswerteten. Während die Wege an der Elfenbeinküste oft noch zu Fuß bewältigt werden und selten länger als zehn Kilometer sind, betragen die Strecken in den westlichen Metropolen eher 20 bis 30 Kilometer. Am Ende aber sind Pendler durchschnittlich eine Stunde täglich unterwegs und bewegen sich in zeitlicher Hinsicht genauso weit aus ihrem Lebensmittelpunkt hinaus wie unsere Vorfahren in der Jungsteinzeit. Der Forscher Kung glaubt: »Unabhängig von der Strecke scheint es ein Gesetz zu geben, das das Verhalten der meisten Pendler steuert.«

Das Pendeln mag moderner werden, die Industrie wird uns erzählen, dass alles angenehmer und einfacher wird. Aber am Ende sind wir es, die schwitzend in der U-Bahn sitzen, weil die Klimaanlage ausgefallen ist, oder die im Stau stehen, während uns die Unruhe packt. Aber solange jemand auf uns wartet, ist es das vielleicht sogar wert. Aussteigen ist für die meisten auch keine Lösung.

Kapitel 10

Haben Sie auch nichts vergessen?

Wer durch Deutschland reist, schaltet meist auf Autopilot. Einsteigen, losfahren, tanken, pinkeln, essen, trinken, ankommen. Irgendwie so läuft sie ab, die Routine des Pendlers. Was aber, wenn der Tag sich anders entwickelt als gedacht? Wenn der Zugreisende seinen Laptop mit den Firmengeheimnissen im ICE vergisst, der Autofahrer im Stau steckt oder der Regionalexpress zwar im Gleis steht, aber nicht abfährt? Wie kommt ein Zugpendler am besten durch den Alltag und wie ticken Autofahrer? Höchste Zeit für ein paar Überlebenstipps.

Zwei-, dreimal im Jahr reise ich zu Terminen nicht mit der Bahn, sondern mit dem Auto. Meine Interviewpartner könnten das daran erkennen, dass ich weniger aufmerksam bin, unentspannt und selten ausgeschlafen Fragen stelle. Für mich ist der Stress hinterm Steuer ungleich größer als im überfüllten Großraumwagen eines Intercity mit umgekehrter Wagenreihung. Jeder Pendler wird das für sich entschieden haben.

Doch man darf davon ausgehen, dass die Mehrheit der Autopendler nach fünf Stunden Autofahrt weniger entspannt sein wird als der durchschnittliche Bahnfahrer. Vor allem aber ist der Umgang mit dem Stress für Autofahrer gefährlicher. Alle Pendler laufen langfristig Gefahr, ihre Gesundheit aufs Spiel zu setzen, Autofahrer sind zusätzlich den Gefahren des Straßenverkehrs ausgeliefert – und Pendler im besonderen Maße. Der Mensch hat evolutionäre Überlebensstrategien entwickelt, die aber für eine Autobahnfahrt zum Risiko werden können. Vielfahrer sollten sich dessen stets bewusst sein.

Wer hätte schon gedacht, dass Menschen bei schlechter Sicht tendenziell schneller fahren als bei guter? Robert Jefferson Snowden, Psychologieprofessor an der Universität Cardiff, fand dies heraus, als er Testpersonen im Simulator bei guten Wetterverhältnissen und bei schlechten fahren ließ. »Die meisten Fahrer denken im Nebel, sie sind viel langsamer unterwegs als tatsächlich und nehmen daher noch Fahrt auf.« Sind die Fahrer zu dumm? Nein, das Gehirn spielt ihnen einen Streich. Je kontrastreicher die Umgebung, desto eher haben Fahrer ein Gefühl für die Geschwindigkeit, so Snowden. Im Nebel unterschätzen sie, wie schnell sie tatsächlich unterwegs sind. Man sollte daher eher dem Tacho als dem Fahrgefühl vertrauen.

Autopendler schalten auf ihnen gut bekannten Wegen sogar einen Teil ihres Gehirns ab, sagt der Duisburger Verkehrsforscher Michael Schreckenberg. Um das herauszufinden, hat ein ganzes Team von Wissenschaftlern Pendler im Computertomografen beobachtet und die Hirnaktivitäten aufgezeichnet, während diese per Joystick eine computeranimierte, aber ihnen bekannte Strecke fahren. »Auf ihren Routinestrecken schalten Pendler im Grunde ihren Verstand aus«, sagt Schreckenberg. Das Großhirn sei praktisch inaktiv. Die Folge: Ändern sich Geschwindigkeitsbegrenzungen auf Pendlerstrecken, dann rasen noch Tage nach dem neuen Tempolimit hunderte in die Radarfalle. Schlimmer noch als mögliche Bußgelder sind die echten Gefahren, warnt Schreckenberg: »Die Hirnaktivität von Autofahrern hat viel gemein mit steinzeitlichen Jägern und Sammlern. Unvorhersehbare Risiken, vor allem an Stauenden, sind eine tödliche Gefahr.« Schreckenberg fordert daher seit Jahren eine bessere Beschilderung, zum Beispiel mit wechselnden Warnsignalen.

Um der Monotonie zu entgehen, kann es Pendlern schon helfen, wenn sie ihre Routinen durchbrechen. Möglichkeiten gibt es zuhauf. Einmal pro Woche vom Auto auf die Bahn umsteigen. Noch besser könnte es sein, wenn die Autofahrer hin und wieder eine andere Strecke fahren, selbst wenn damit ein kleiner Umweg verbunden ist.

Der größte Feind des Autopendlers – und zugleich der gefährlichste – ist jedoch die Müdigkeit. Dutzende Pendler haben mir von Sekundenschlaferfahrungen berichtet, von

Momenten des plötzlichen Aufschreckens, wenn der LKW vor einem plötzlich ganz dicht ist. Bis zu 20 Prozent aller Unfälle auf den Straßen der EU, so schätzt die Europäische Kommission, sind auf Übermüdung zurückzuführen. Ähnliche Werte nennt die Deutsche Gesellschaft für Schlafforschung und Schlafmedizin (DGSM). Die Schlafmedizinerin Maritta Orth beschreibt den Sekundenschlaf wie das Ende einer Theatervorstellung: »Das ist, als ob ein Vorhang runterfällt.« Ab einem bestimmten Zeitpunkt könne der Autofahrer nichts mehr dagegen machen. Deshalb sei es ein Irrglaube, sich mit Kaffee, lauter Musik oder frischer Luft wach halten zu können, sagt Orth: »Das einzige Mittel gegen Schläfrigkeit ist Schlaf.«

Karl-Peter Naumann macht beim Fahren gern mal die Augen zu. Er ist überzeugter Bahnpendler. Obwohl er ein lebender Kummerkasten der Mitreisenden ist. Mehr als 15 Jahre war er Chef des Fahrgastverbandes Pro Bahn. Naumann hat tausende, vielleicht sogar zehntausende Beschwerden von Bahnfahrern gehört und sich immer wieder mit dem Unternehmensmanagement angelegt. Einmal hat ihn der damalige Bahnchef Hartmut Mehdorn sogar verklagt. Naumann war so etwas wie ein Berufsnörgler. Noch heute sitzt er oft im Zug, zurzeit muss er häufig von Hamburg nach Kiel. Hat der einst größte Lobbyist des Bahnfahrers einen Tipp für Pendler? Ja, sagt der 63-Jährige und erzählt, wie der Vielfahrer Naumann auf die Reise geht.

Er weiß ganz genau, wann seine Züge Richtung Arbeit abfahren, er hat die wichtigsten Verbindungen auswendig gelernt. »Wenn dann die U-Bahn mal Verspätung hat und ich unter der Erde kein Telefonnetz habe, weiß ich trotzdem, wann der nächste Zug kommt«, sagt der 63-Jährige. In der Regionalbahn hat er es sich zum Ritual gemacht, einen grünen Tee für 1,10 Euro zu kaufen. »Das entspannt mich. Andere entspannt es, die Augen zuzumachen oder Zeitung zu lesen.« Im Grunde rät Naumann zur Entschleunigung: Pendler dieser Welt, relaxt!

Dieser Tipp klingt furchtbar banal, aber genau das ist das Erfolgsrezept all jener Pendler, die im Grunde nur auf Reisen entspannen können. Diese Menschen haben gelernt, die Reise nicht als Belastung, sondern eher als Tank zu sehen. Wann immer in einem Gespräch mit Managern oder Spitzenpolitikern die Frage nach den Anstrengungen des Reisens kommt, gibt es folgende Antworten: Vom EU-Kommissar Günther Oettinger, der binnen einer Woche manchmal fünf Länder sieht: »Ich kann überall schlafen.« Kanzlerin Angela Merkel, die von sich behauptet, am Wochenende Schlaf tanken zu können, hält sogar im Hubschrauber Nickerchen. Nico Buchholz, der für die Lufthansa Flugzeuge in aller Welt einkauft, ist meist schon in seinem Sitz eingeschlafen, wenn die Turbinen brummen. Mögen manche Politiker und Manager auch kokettieren mit ihrer Entspanntheit. In jedem Fall wird kein Pendler mit Schlafstörungen dieses Leben auf Dauer bewältigen.

Damit die Fahrt nicht zum russischen Roulette wird, guckt der Pro-Bahn-Ehrenvorsitzende Naumann vor Fahrtantritt noch einmal kurz in den Computer. »Dort werden die meisten Verspätungen mittlerweile recht genau angegeben.« Ebenso hilfreich für Vielfahrer: Beim Ticketkauf können Reisende den Verspätungsalarm aktivieren. Dann werden sie per SMS vorgewarnt. Wer es noch genauer wissen will, kann mittlerweile Zugfahrten planen wie die Profis. Der Zugradar der Bahn zeigt online die aktuelle Position der in Deutschland eingesetzten Züge. Mit diesem Hilfsmittel können Fahrgäste ziemlich genau die Verspätung ihres Zuges einschätzen. Noch einfacher geht es mit dem DB-Navigator, der wichtigsten Überlebensapp für Bahnpendler. Neben einem Routenplaner zeigt die App aktuelle Verspätungen an und ist dabei bisweilen genauer informiert als das Personal am Bahnhof.

Wer so richtig Lust auf einen Adrenalinschub hat, probiert Anschlüsse aus, die weniger als 15 Minuten Puffer haben. Dann wechselt der Blick zwischen App und Uhr im Großraumwagen hin und her, während Zugbegleiter inquisitorisch verhört werden, ob der Anschluss denn erreicht würde. Bei der geringsten Chance auf Pünktlichkeit werden Mitreisende von den Gehetzten daraufhin angeschrien, dass der Gang frei bleiben müsse. Es gilt schließlich, in wenigen Minuten Richtung Gleis zu stürmen. Und der ganze Stress sorgt am Ende nur dafür, dass der Eilige ein Portemonnaie, ein Handy oder einen Rucksack im Zug vergisst.

Dann wird aus Udo Feld die letzte Hoffnung des Pendlers.

Als er durch sein Unternehmen in Wuppertal eilt, klingt er, als würde er ein Kaufhaus an der Kaufingerstraße in München leiten. Von Sonnenbrillen, Surfbrettern, der Haushaltsabteilung und den über 1000 Handys, die im Lager auf ihren Abholer warten, spricht er und weil ein Zuhörer nicht alles gleichzeitig erfassen kann, fügt Feld noch hinzu: »Es gibt nichts, was wir nicht haben.« Stolz schwingt mit in seiner Stimme, doch im Gegensatz zu manchem Konsumtempel herrscht in seinen Geschäftsräumen gähnende Leere. Auf den Fluren grüßt man sich konsequent mit »Mahlzeit«. Geld verdient Feld nicht mit seinem Betrieb und am liebsten wäre ihm, wenn das ganze Lager ausgeräumt wäre.

Feld leitet das zentrale Fundbüro der Deutschen Bahn. Hier verwaltet er die Vergesslichkeit von Pendlern und Bahnreisenden und diese gibt Einblicke in viele tausend Leben. Natürlich bleiben Handys liegen oder Schlüssel. Aber wem gehören wohl die Brustimplantate? Wer hat sein Bundesverdienstkreuz im Zug vergessen und nie wieder abgeholt? Wer brachte die original goldene Schallplatte von Elvis Presley in die Bahn? Zum Glück können die auf den Toiletten vergessenen Gebisse in aller Regel und ganz zweifelsfrei wieder zugeordnet werden. Ja selbst der Mann konnte ausgemacht werden, der eine Tasche mit 40000 Euro im Zug hat stehen lassen – er wollte ein Auto kaufen und bar zahlen. Feld hat so viel gesehen, dass er bisweilen schon an Wunderheilung durch Intercity-Nutzung glaubt. »Wie soll ich mir denn erklären, dass jemand mit einem Rollator in die Bahn steigt und ohne wieder rausgeht?«

Seit dem Jahr 2000 sind bald drei Millionen Fundstücke von der Deutschen Bahn registriert worden. Immerhin sechs von zehn verlorenen Gegenständen landen am Ende wieder bei ihrem Eigentümer. »Eine super Quote«, sagt Feld. Tatsächlich scheitert die Rückgabe in der Regel nicht an der Ehrlichkeit der Finder, sondern an den Nachlässigkeiten der Suchenden.

Sobald sie merken, dass sie etwas im Zug haben liegen lassen, können Reisende unter www.fundservice.bahn.de nach verlorenen Gegenständen fahnden und Verlustanzeigen aufgeben. Die Verlierer machen Feld das Leben jedoch nicht immer leicht: »Rucksack verloren, Inhalt: Sachen.« Mit diesem Eintrag kann er wenig anfangen. Wer sich einmal in Wuppertal durch hunderte von Taschen gewühlt hat, weiß, warum. Dicht gedrängt lagern die Rucksäcke in den Regalen des Fundbüros, direkt am Gleis 1 des Wuppertaler Hauptbahnhofs. Die meisten unterscheiden sich kaum in der Farbe, sondern allein im Datum der Verlustanzeige. Trends spiegeln sich – leicht zeitversetzt – in Wuppertal wieder. Schwarz ist in. Schon seit Jahren.

Daher hoffen die 13 Mitarbeiter im Fundbüro auf eine möglichst präzise Beschreibung der »Sachen« und freuen sich über winzige Hinweise ebenso wie über unscheinbare rote Stoffbänder am Griff. »Am einfachsten haben es Bahnfahrer, die ihre Adresse irgendwo notiert haben. Aber schon ein kleiner Anhänger ist eine große Hilfe für uns«, sagt Feld. Je elektronischer die Verlustobjekte, desto besser ist Präzision. Vom Handy sollte man nicht nur den Anbieter und Hersteller wissen, sondern möglichst auch die Gerätenummer. »All das sind Dinge, die auch unsere Mitarbeiter hier vor Ort erfassen und dann können unsere Kunden das blitzschnell im Internet abgleichen und finden.«

Diesem Prozedere geht eine erste Inspektion voraus. Dabei werden die Taschen nach Adressen oder anderen Zuordnungsmöglichkeiten durchsucht und bei dieser Gelegenheit Lebensmittel wie das klassische Leberwurstbrot oder Äpfel weggeschmissen, Drogen hingegen landen immer bei der Polizei. »Kommt schon mal vor«, sagt Feld.

Der einfachste Weg, Verlorenes wiederzubekommen, sei schlicht die Benachrichtigung über die Internetseite. Wenn der vergessene Koffer jedoch nicht vermisst wird, schlägt die Stunde der Wuppertaler. Die Mitarbeiter durchforsten dann das Gepäck nach Ausweisen und ähnlich eindeutigen Dokumenten. Ziemlich verrückt klingt, was Feld dann erzählt: Stoßen die Mitarbeiter während der Suche auf eine Bahncard, sind sie längst nicht am Ziel. »Die deutschen Datenschutzregeln sind so streng, dass unsere Kollegen vom Bahncardservice uns nicht die Adressen der Kunden geben dürfen«, sagt Feld. Daher kann er nur an die Bahnfahrer appellieren, in jedem Fall eine Verlustanzeige aufzugeben. Gerade für Elektronikartikel ist die Chance auf ein Happy End groß. 90 Prozent aller Laptops landen am Ende wieder beim Eigentümer.

»Wir wundern uns nicht mehr, dass Dinge verloren werden«, sagt Feld, sondern »vielmehr darüber, dass die Menschen gar nicht nachfragen, ob etwas gefunden wurde.« So kommt es, dass nach 70 Tagen im Zentrallager die große Auslese beginnt. Der Inhalt der Taschen wird aussortiert und filetiert. Abgewetzte und verschlissene Jeans beispielsweise wandern ebenso in den Müll wie angebrochene Kosmetikartikel, Billig-Regenschirme oder alte Batterien.

Der Rest kommt unter den Hammer. In Wuppertal hat die Bahn dafür sogar einen Fundsachenversteigerungsraum am Gleis 1, Abschnitt B. Dort versteigert die Bahn jeden Donnerstag all das, was die Kunden für immer vergessen haben. Fahrräder, Picknickstühle, Lenkdrachen, Bücher, Angelausrüstungen, Zelte, Kinderroller, Handschuhe, Gitarren, Schlafsäcke, Digitalkameras, Satellitenschüsseln, Schwerter und Koffer voller Kabel. »Die Bahn hat im Jahr zwei Milliarden Fahrgäste, das sind zwei Milliarden Möglichkeiten, etwas zu vergessen«, sagt Feld. Er betont jedoch, dass der Bahn der Erlös der Versteigerung erst drei Jahre später gehört. »So lange können Suchende noch ihren Besitzanspruch geltend machen.« Den

Findern wiederum stehen 2,5 Prozent Finderlohn für Sachwerte bis 500 Euro und 1,5 Prozent darüber hinaus zu.

Hat Feld eine Erklärung für die Vergesslichkeit der Reisenden? »Wenn wir mit den Kunden sprechen, klagen die meisten über Reisestress. Aus Angst, den Anschlusszug zu verpassen, waren sie in Gedanken.«

Oft kommt der Stress aus dem Nichts, zum Beispiel dann, wenn die Pendleramnesie wieder zuschlägt. Was klingt wie eine Nebenwirkung für Seniorenpendler, ist der unvermittelt eintretende Gedächtnisverlust, der den Allzeitmobilen infolge von Gewohnheiten heimsucht. Und zwar nicht nur sinngemäß. An einem lauen Septembernachmittag hatte ich das Ticket nach Brüssel bereits gekauft, als ich plötzlich noch eine aktuelle Geschichte schreiben sollte. Die Fahrt nach Brüssel verschob sich Stunde für Stunde und ich packte in Eile den nächsten greifbaren Koffer, unter Pendlern als Hackenporsche bekannt. Die Anzüge und Hemden verstaute ich gegen meine Gewohnheit nicht im Koffer, sondern legte sie extra über einen Kleiderbügel. Kurz vor der U-Bahn bemerkte ich, dass noch eine Hand frei war. Die Anzüge hingen zu Hause an der Garderobe – die Pendleramnesie hatte zugeschlagen. Der Forscher David Lewis, der für eine große Untersuchung einmal die Londoner Pendler so mühsam verkabelte, hat Ähnliches immer wieder beobachtet. »Es gibt Pendler, die gehen mit einem Tunnelblick aus dem Haus und nehmen ihre Umwelt rechts und links nicht mehr wahr, bis sie am Arbeitsplatz sind«, sagt er.

An sich wäre das wenig aufregend, aber konkret hieß das in meinem Fall, dass ich einmal mehr wie ein Verrückter – inclusive Gepäck – Richtung Wohnung stürmte und kurz darauf mit zwei Anzügen über dem Arm wieder zur U-Bahn. An diesem Tag fuhr die Deutsche Bahn pünktlich ab. Schweißgebadet saß ich am Ende im Zug.

Würde ich wie Oskar Osen pendeln, wäre mir das nicht passiert. Der Vielfahrer fährt mit System: Anzugsjacke an den Haken, weitere Anzüge über den Koffer und den immer in Sichtweite oben in die Gepäckablage. »Es sind die immer gleichen Handgriffe und so vergesse ich nichts«, sagt er. Wer aber weniger organisiert ist als Osen, für den können Telefonanrufe oder hastig geschriebene E-Mails, während der Zug ins Gleis kommt, sehr teuer werden. »Haben Sie auch nichts vergessen«, fragt zumindest die ICE-Anzeige in vielen Zügen. Es ist der letzte Weckruf für die unausgeruhten Pendlerseelen, einen, den man ernst nehmen sollte.

Der Pendler Benjamin Thölen* hatte schon einmal Angst, einen Polizeieinsatz auszulösen. Er hatte seinen Titantrolley im ICE Richtung Köln vergessen und fürchtete eine Evakuierung, »kennt man ja aus dem Fernsehen«. Mit einem Anruf im Zug hätte er dies natürlich verhindern können. Aber das ist im 21. Jahrhundert schwieriger, als man glauben möchte. Die Bahnhotline konnte nicht weiterhelfen, die Bahn.comfort-Hotline für Premiumkunden, wie Thölen sich nennen darf, hatte keine Nummer des Zugführers. »Den Koffer holt am Ende das Reinigungspersonal«, sagte eine coole Stimme aus dem Callcenter. So war es dann auch.

Ankunft

Freitag, 23:30 Uhr. Im Zug ist es jetzt totenstill. Der Speisewagen verwaist, das letzte Bier gezapft, die Reisenden lehnen sich an Fenster und auf die wenigen Tische im Großraumwagen. Abteile werden zu Schlafkojen. Dies ist der Moment, in dem die Anstrengungen des Pendelns körperlich spürbar werden. Gegen 0:18 Uhr erwachen mal 20, mal 30 Leute aus ihrem Halbschlaf und warten darauf, dass die ICE-Tür sich zum Wochenende öffnet. Ich habe nicht gezählt, wie oft ich um die Zeit aus dem Zug hinaus in die Freitagnacht gestiegen bin. Aber es erwartet mich dann immer das pralle Leben. Die Bahnhofsviertel sind rappelvoll. Zumindest dann, wenn drei Discotheken, zwei Kinos und ungezählte Kneipen um die Ecke sind. Manchmal habe ich Lust, den Koffer einfach wegzuschließen und mitzufeiern.

Uns Pendler erfasst zum Wochenende ein Glücksgefühl. Ganz so, als seien wir auf dem Weg zum Konzert unserer Lieblingsband. Leise Euphorie baut sich auf, die garniert mit ein, zwei Songs (muss ja nicht gleich »Take me home« von Phil Collins sein) das Gefühl vortäuscht, nun ist ewig Schluss mit der Reiserei.

Gut zwei Jahre bin ich nun dem Leben in der Pendlerrepublik Deutschland hinterhergefahren. Und dennoch habe ich nur einen winzigen Bruchteil von über 26 Millionen Pendlerbiografien kennengelernt, die nicht mit eigener Muskelkraft ins Büro kommen. Viele Menschen pendeln seit mehr als einem Jahrzehnt und haben sich mit diesem Leben erstaunlich gut arrangiert. Gerade erzählte mir Niedersachsens grüner Umweltminister Stefan Wenzel, wie sehr er es genießt, morgens von seiner Heimat in Groß Lengden bei Göttingen nach Hannover Zug zu fahren und die 130 Kilometer lange Fahrt zu nutzen, um ganz in Ruhe Zeitung zu lesen.

Der Berliner Jörg Asmussen hat hingegen sein Amt als Direktor der Europäischen Zentralbank und damit das Pendeln aufgegeben. Er ist heute glücklicher, aber er sagt auch, dass er früher eine klarere Trennung zwischen Arbeitswoche und Wochenende hatte. Viele Pendler mögen diese strikte Trennung ihrer Leben zwischen Arbeitsumgebung und Familie. Auch Lehrer, Jugendhelfer oder Sozialarbeiter schätzen oft die räumliche Distanz zwischen Lebenswelt und Arbeitswelt.

Es gibt Autofahrer, für die gibt es wenig Entspannenderes, als sich frühmorgens auf den Weg zur Arbeit zu machen und nebenbei Spanisch zu lernen oder Deutschlandfunk zu hören. Weder zu Hause noch auf der Arbeit hätten sie dafür Ruhe. Und für manche ist es geradezu aufregend, die Woche über vom Partner getrennt zu sein und sich dann am Wochenende neu zu entdecken.

Doch die Begegnungen, Reisen und Gespräche von München bis Kiel, von Jena bis Emden, von Tübingen bis Rostock förderten weitere erstaunliche Gemeinsamkeiten zutage.

Erstens: Pendler sind Schauspieler. Sie gaukeln sich und ihrer Familie vor, dass die viele Fahrerei nicht anstrengend ist. Aber selbst wenn die wenigsten ihre Rückenprobleme oder den steifen Nacken auf die Fahrt im Auto oder Zug zurückführen, fehlt ihnen vor allem die Zeit für den Ausgleich. In Form von Sport, Bewegung, Theater oder Musik.

Zweitens: Pendler üben nicht nur sportliche und kulturelle Abstinenz. Sie verzichten auch auf Freunde, Vereinsleben und natürlich auf Zeit mit der Familie, die – gerade wenn Kinder im Spiel sind – nie wieder aufgeholt werden kann. Sie verzichten aber auch auf Geld, denn für die meisten Menschen ist Pendeln ein Zuschussgeschäft.

Drittens: Entspannte Pendler sind zufriedene Pendler. An guten Tagen habe ich bis heute das Gefühl, mein Biorhythmus schlägt im Takt der Pendeltouren. Erst beim Kauf von Kaffee und Zeitung für den Zug wache ich so langsam auf und nach einer knappen Stunde Fahrt (meistens in Bielefeld) ist dann wieder an Arbeit zu denken. Stress hat wiederum, wer sich diese Freiräume nicht schafft und den Tag so durchtaktet, als würde er zu Hause arbeiten. Dann nervt jede Minute Netzausfall und fünf Minuten Verspätung werden zum Weltuntergang. Wer jeden Tag gegen die Uhr fährt, fährt seine Gesundheit an die Wand.

Erfolgreiche Pendler leben davon, dass alles und vor allem sie selbst funktionieren. Da darf kein Auto eine Panne haben, kein Zug verspätet sein und kein Meeting länger dauern als geplant. Umso wichtiger ist am Wochenende die Entschleunigung – und ein wohldosiertes Freizeitprogramm. Sonst ist es nicht weit bis zum Teufelskreis des Pendelns. Wer das Wochenende mit Erwartungen überfrachtet, startet missmutig in die nächste Arbeitswoche und am Wochenende darauf muss es dann aber wirklich richtig schön werden. Diesen Erwartungen kann kaum ein Pendler gerecht werden.

Für den Einzelnen ist Pendeln somit auf Dauer meist mehr Fluch als Segen. Für unsere Wirtschaft hingegen sind Pendler ein großartiges Geschenk. Eine Vielfahrerin erzählte mir, wie ihr Chef hinter ihrem Rücken zu einem Kollegen sagte: »Ist doch großartig, dass die Neue eine Wochenendpendlerin ist, dann hat sie hier keine Freunde und kann eigentlich nur arbeiten.« Das bringt ziemlich gut auf den Punkt, wie in Unternehmen bis heute über das Pendeln gedacht wird. Die Rücksichtslosigkeit, mit der Verlagshäuser, Konzerne und Mittelständler heutzutage über Standorte entscheiden – zu oft noch verbunden mit befristeten Veträgen –, wird dafür sorgen, dass künftig noch mehr Menschen pendeln. Mit Gegenwehr ist nicht zu rechnen, denn die Pendler selbst werden die eigenen Vorteile überbewerten und die Nachteile unterschätzen.

Wenn das Pendeln aber weder von den Arbeitgebern und schon gar nicht von den Arbeitnehmern hinterfragt wird, dann wird dieser Volkssport in den nächsten Jahren zu einer vielfachen Gefahr für unsere Gesellschaft.

Pendeln zerstört die Familienplanung: Mobile Frauen sind häufiger kinderlos und ledig. Ihre Zahl nimmt von Jahr zu

Jahr zu. Noch 2000 pendelten sechs Millionen Frauen über Gemeindegrenzen hinweg, 2013 waren es schon weit über sieben Millionen. Pendeln verhindert oder verschiebt die Familiengründung. Kinder passen nicht zum Pendlerleben, weil sie Verantwortung einfordern, die ein Pendler nicht versprechen kann. Familie bedeutet, da zu sein und nicht dort. Schließlich setzt eine Bindung zu Kindern den unbedingten Einsatz der wichtigsten Pendlerwährung voraus: Zeit.

Pendeln zerstört Beziehungen: Nicht nur wegen des Dauerstresses, auch wegen der schleichenden Entfremdung gilt Pendeln als Beziehungskiller und erhöht das Scheidungsrisiko. Männer neigen dazu, der Monotonie der Wochentage eine Monotonie am Wochenende folgen zu lassen: Fußball, faulenzen und möglichst wenig Probleme lösen. Umgekehrt versuchen gerade Frauen die Belastung einfach auszuknipsen wie den Lichtschalter im Hotel. Das geht ein paar Monate gut, aber nicht ein Pendlerleben lang.

Pendeln zerstört das soziale Gefüge unserer Städte: Wer sehr viel unterwegs ist, engagiert sich weniger in Vereinen, Parteien oder Bürgerinitiativen. Wer keine Zeit hat, in Kneipen zu gehen, Museen zu besuchen oder durch die Fußgängerzone zu flanieren, isoliert sich damit zwangsläufig. Dauermobile werden sich auch kaum dafür einsetzen, die Jugendstilfassaden ihrer Straße zu sanieren. Sie sehen die Häuser ohnehin fast nur im Dunkeln. So wie das Pendeln die Strukturen zwischen Stadt und Land zerfasert, zerreibt es auch den sozialen Kitt, den unsere Gesellschaft über Jahrzehnte stark gemacht hat.

Pendeln zerstört die Natur: Am schlimmsten sind Bahnpendler wie ich. Die setzen sich in den Zug und glauben ernsthaft, das sei noch gut für die Umwelt. Es ist weniger schädlich, als alleine im Auto zu sitzen, und viel ökologischer als das Flugzeug, aber ein echter Beitrag zum Klimaschutz wäre es, zu Hause zu bleiben. Schon mit einer Hin- und Rückfahrt von Stuttgart nach Köln verbrauchen Menschen umgerechnet rund 25 Kilo CO_2. Das entspricht dem Verbrauch von mindestens 15 Litern Benzin. Die ökologischen Kosten, aber auch die persönlichen werden jedoch nach wie vor massiv unterschätzt.

Normalerweise müsste die Politik längst aufgeschrien haben angesichts der Warnrufe von Krankenkassen, von Verbänden, von Ökonomen und Naturschützern. Das Problem ist nur: Jeder Politiker ist ein Pendler. Zwischen Brüssel und Deutschland, zwischen Berlin und seinem Wahlkreis, zwischen den Landeshauptstädten und seiner Heimat. Warum sollten ausgerechnet die größten Pendler der Republik ihre Unrast kollektiv infrage stellen?

Allein schon die Pendlerpauschale ist eine überflüssige Subvention des täglichen Hin und Her, die nach wie vor die teure Zersiedelung dieses Landes beschleunigt. Dabei steigen die Kosten des Pendelns von Jahr zu Jahr. Der Ölpreis wird nie das Niveau früherer Jahrzehnte erreichen, Autobahnen verstopfen, Staus werden noch dramatisch zunehmen und die Anforderungen an die Arbeitnehmer weiter steigen.

Doch an der Pendlerpauschale halten Politiker eisern fest. Und an der Dienstwagensubvention. Und an der vergleichsweise hohen Mehrwertsteuer für Bahnreisen. Und sie protestieren gegen eine echte PKW-Maut. Der pure Wahnsinn.

Dank

Die Recherchen zu diesem Buch begannen im Frühjahr 2012 und dauerten zwei Jahre. Das Buch lebt von den Erfahrungen und Erlebnissen so vieler Pendler, denen ich bisweilen bis in die Burnoutklinik folgen durfte. Jedem einzelnen Mitwirkenden möchte ich für seine Offenheit und Aufrichtigkeit danken.

Daniel Graf von der Literatur- und Medienagentur Graf & Graf war mir in all der Zeit ein wichtiger Gesprächspartner und eine große Hilfe, gerade in jenen Monaten, in denen das Projekt an Fahrt gewann.

Meiner Lektorin Anna Egger danke ich für ihr sprachliches Feingefühl und ihre ungemein stichhaltigen Verbesserungsvorschläge.

Die Tür zu einem unerschöpflichen Datenfundus öffnete mir Heiko Rüger vom Bundesinstitut für Bevölkerungsforschung. Florian Schweiger half mir, die Kosten des Pendelns zu begreifen. Udo Feld nahm sich Stunden Zeit, um mir das spannendste Gebäude der Deutschen Bahn zu zeigen – das Fundbüro in Wuppertal.

Thomas Bickl und Axel Heyer sorgten in all den Monaten dafür, dass meine Fußball- und Europakenntnisse nicht in die zweite Liga abstiegen.

Herbert Euler vermittelte mir binnen Stunden Kontakt zu vielen spannenden Pendlern und ihm sei stellvertretend für all die anderen Unterstützer gedankt.

Thilo, Lutz, Joana, Julia, Renzo sowie Melli & Malte danke ich für Ihre Gast-/Freundschaft zu jeder Reisezeit.

Meinen Freunden Dirk & Camila, Anja & Johannes sei gesagt: Für Euch pendele ich gern durchs Leben.

Maik, Christian und Tobias danke ich für ihre Hilfe in allen Lebenslagen.

Ohne Ina, Ilona und Jürgen wäre manche spontane Reise – und manche Erholungspause – nicht möglich gewesen. Danke Euch für die Unterstützung.

Meinem Bruder Sven danke ich dafür, dass er mir den Soundtrack für so viele Reisen mit auf den Weg gegeben hat.

Meinen Eltern gilt Dank dafür, dass sie mich – wo immer die Fahrt hinging und -geht – unterstützen und mir damit die Möglichkeit geben, unbeschwert durchs Leben zu gehen.

Lillith: Danke für Dein Lachen, Deine Fähigkeit, mich binnen Sekunden auf andere Gedanken zu bringen, und dafür, dass ich endlich wieder mit der Eisenbahn spielen darf.

Iris: Ich danke Dir von Herzen für Deine Kritik, nächtliches Redigieren und Deine Empathie. Mit Dir ist nicht nur dieses Buch, sondern auch mein Leben so viel reicher. Du bist das Ziel jeder Reise.

Weiterführende Literatur

Kapitel 1 – Die Welt der Pendler

Everett, Rupert: Rote Teppiche und andere Bananenschalen, Aufbau Verlag 2009

Statistisches Bundesamt: »Mikrozensus 2012«, Fachserie 1, Reihe 4.1.2, 2012, Seiten 110ff.

Kapitel 2 – Die Schizophrenie des Pendelns

Brenke, Karl: »Heimarbeit: Immer weniger Menschen in Deutschland gehen ihrem Beruf von zu Hause aus nach«, in DIW Wochenbericht, 8/2014, Seite 131–139

Drösser, Christoph und Heuser, Uwe Jean: Havard für alle Welt, *DIE ZEIT*, 12/2013, Seite 35–36

Frey, Bruno S. und Stutzer, Alois: »Stress That Doesn't Pay: The Commuting Paradox«, IZA Discussion Paper No. 1278, August 2004

Kahneman, Daniel und Krueger, Alan B.: »Developments in the Measurement of Subjective Well-Being«, Journal of Economic Perspectives, Volume 20, Number 1, Winter 2006, Seite 3–24

Kapitel 3 – Wen Pendeln krank macht

Bundespsychotherapeutenkammer: Studie zur Arbeitsunfähigkeit – Psychische Erkrankungen und Burnout 2012, aufgerufen am 22. März 2014, http://www.bptk.de/uploads/media/20120606_AU-Studie-2012.pdf

Bundesregierung: Psychische Belastungen in der Arbeitswelt, Antwort der Bundesregierung auf die kleine Anfrage von Jutta Krellmann et al. und der Fraktion DIE LINKE, aufgerufen am 22. März 2014, http://dipbt.bundestag.de/dip21/btd/17/094/1709478.pdf

Clark, Andrew: Want to feel less stress? Become a fighter pilot, not a commuter, *The Guardian*, 30. November 2004, aufgerufen am 22. März 2014, http://www.theguardian.com/uk/2004/nov/30/research.transport

Ducki, Antje: Arbeitsbedingte Mobilität und Gesundheit. Überall dabei – Nirgendwo daheim, in Fehlzeitenreport 2009, Springer Verlag, Seite 61–70

Paridon, Hiltraut: Berufsbedingte Mobilität. In Fehlzeiten-Report 2012, Springer-Verlag, Seite 79–88

Ruppenthal, Silvia; Rüger, Heiko: Berufsbedingte räumliche Mobilität. Konsequenzen für Wohlbefinden und Gesundheit. In: BKK Bundesverband (Hrsg.): Zukunft der Arbeit. BKK Gesundheitsreport 2011, Seite 120–125

Techniker Krankenkasse: Gesundheitsreport 2012 – Mobilität, Flexibilität, Gesundheit, Juni 2012

Wener, Richard E. et al.: Running for the 7:45: The effects of public transit improvements on commuter stress, Transportation Volume 30, Number 2. May 2003, Seiten 203–220

Kapitel 4 – Die Kosten des Pendelns

CE Delft, Infras, Fraunhofer ISI: External Costs of Transport in Europe Update Study for 2008 Delft, CE Delft, November 2011, aufgerufen am 23. März 2014, http://www.bahnindustrie.info/uploads/media/UIC-Studie_Externe_Kosten_Verkehr_2012.pdf

Oberste Baubehörde im Bayerischen Staatsministerium des Innern (Herausgeber): Siedlungsentwicklung und Mobilität, München 2011, aufgerufen am 23. März 2014, http://www.ggr-planung.de/fileadmin/pdf-projekte/materialien_8_siedlung_mobilitaet.pdf

Schweiger, Florian und Klupp, Matthias: Mobilitätskosten bei Eigenheimerwerb im Hamburger Umland, Analyse & Konzepte, Juni 2006, aufgerufen am 23. März 2014, https:// www.analyse-konzepte.de/fileadmin/aundk/Broschueren/Analyse_Konzepte_Publikation_Mobilitaetskosten.pdf

Stadtentwicklungsbericht 2012, Unterrichtung durch die Bundesregierung, Drucksache 17/14450, 22.7.2013, aufgerufen am 23. März 2014, http://dip21.bundestag.de/dip21/btd/17/144/1714450.pdf

Kapitel 5 – Beziehungskiller Mobilität

Glotzer, Richard und Cairns Federlein, Anne: Miles that Bind: Commuter marriage and Family Strengths, in: Michigan Family Review Volume 12, Issue 1, 2007, Seiten 7–31

Putnam, Robert D.: Bowling Alone – The Collapse and Revival of American Community, Simon & Schuster Paperbacks, 2000

Rüger, Heiko et al.: Sind berufsbedingte räumliche Mobilität und freiwilliges Engagement miteinander vereinbar?, in: Bevölkerungsforschung, 33. Jahrgang, 06/2012, Seite 2–9

Rüger, Heiko und Becker, Katharina: Berufsmobilität, Geschlecht und Lebensform. Berufsbedingte räumliche Mobilität und die Folgen für die Vereinbarkeit von Familie und Beruf und partnerschaftliche Arbeitsteilung, in: Neue Wege – Gleiche Chancen, Springer VS Verlag 2011, Seiten 363–396

Sandow, Erika: Till work do us part: the social fallacy of long-distance commuting, Conference Paper: ERSA-NECTAR Special Session on Commuting, Migration, Housing and Labour Markets:Complex Interactions, Jönköping, Sweden, August19–23, 2010, aufgerufen am 24. März 2014, http://www-sre.wu.ac.at/ersa/ersaconfs/ersa10/ERSA2010final-paper732.pdf

Kapitel 6 – Irrsinn Pendlerpauschale

Bach, Stefan »Entfernungspauschale: Kürzung gerechtfertigt« in: DIW Wochenbericht Nr. 40/2003, S. 602 ff., aufgerufen am 6. April 2014, http://www.diw.de/documents/publikationen/73/diw_01.c.92546.de/03-40.pdf

Bundesfinanzhof Beschluss zur Neuregelung der Entfernungspauschale vom 10.1.2008, Aktenzeichen VI R 17/07

Bundesverfassungsgericht Urteil vom 9. Dezember 2008 zu den Anforderungen an eine folgerichtige Abgrenzung von Erwerbsaufwendungen im Einkommensteuerrecht, 2 BvL 1/07, Absatz-Nr. (1–91), aufgerufen am 6. April 2014, http://www.bverfg.de/entscheidungen/ls20081209_2bvl000107.html

Straubhaar, Thomas: Die Fundamentalirrtümer der Pendlerpauschale, HWWI Standpunkt, 30. April 2012, aufgerufen am 6. April 2014, http://www.hwwi.org/uploads/tx_wilpubdb/HWWI_Standpunkt_183.pdf

Kapitel 7 – Die Profiteure

Bundesministerium der Finanzen: Entwicklung der Energie- und Stromsteuersätze, 19.12.2009, aufgerufen am 6. April 2014, http://www.bundesfinanzministerium.de/Content/DE/Standardartikel/Themen/

Zoll/Energiebesteuerung/Entwicklung_der_Energie_und_Stromsteuersaetze/2009–12-19-entwicklung-der-energie-und-stromsteuersaetze.html?__act= renderPdf & __iDocId= 167018

Bundesministerium für Verkehr, Bau und Stadtentwicklung: Investitionsrahmenplan 2011–2015 für die Verkehrsinfrastruktur des Bundes (IRP), aufgerufen am 6.April 2014, https:// www.bmvi.de/SharedDocs/DE/Anlage/Internetredaktion/investitionsrahmenplan-2011–2015-irp.pdf?__blob= publicationFile

Thöne, Michael et al.: Steuerliche Behandlung von Firmenwagen in Deutschland Forschungskooperation des FiFo Köln mit Prof. Dr. jur. Stefan Klinski (Berlin) und dem Forum Ökologisch-Soziale Marktwirtschaft e.V. (Berlin), Mai 2011, aufgerufen am 6. April 2014, http://www.foes.de/pdf/2011_Firmenwagenbesteuerung_lang.pdfKapitel 8 – Staufrust und Pendelärger – die dunkle Seite der Mobilität

Sugiyama, Yuki et al.: Traffic jams without bottlenecks – experimental evidence for the physical mechanism of the formation of a jam. New Journal of physics 10 (2008), aufgerufen am 25. März 2014, http://iopscience.iop.org/1367–2630/10/3/033001/fulltext/

TomTom European Congestion Index. Aufgerufen am 6. April 2014, http://www.tomtom.com/lib/doc/trafficindex/2013–0129-TomTom%20Congestion-Index-2012Q3europe-km.pdf

Kapitel 9 – Die Zukunft des Pendelns

Froböse, Frerk und Kühne, Martina: Mobilität 2025 – Unterwegs in der Zukunft – Eine Studie des GDI Gottlieb Duttweiler Institute im Auftrag der Schweizerischen Bundesbahnen SBB, aufgerufen am 30. März 2014, http://www.gdi.ch/de/Think-Tank/Studien/Product-Detail/532

Kung, Kevin et al. (2013): Exploring universal patterns in human home/work commuting from mobile phone data, In: *CoRR*, abs/1311.2911 (2013), aufgerufen am 30. März 2014, http://arxiv.org/pdf/1311.2911v1.pdfMoss, Mitchell und Qing, Carson: The emergence of the Super-Commuter, Rubin Center for Transportation NYU Wagner School of Public Service, February 2012, aufgerufen am 30. März 2014, http://wagner.nyu.edu/files/rudincenter/supercommuter_report.pdf

What Cities Want – Wie Städte die Mobilität der Zukunft planen. Eine Studie von TU München und MAN, aufgerufen am 30. März 2014, http://www.corporate.man.eu/man/media/de/content_medien/doc/global_corporate_website_1/presse_und_medien_1/2013_1/man_wcw_2013.pdf

Zahavi, Yacov (1974) Traveltime Budgets and Mobility in Urban Areas. Report prepared for the US Department of Transportation, Washington, D.C., aufgerufen am 30. März 2014, http://www.surveyarchive.org/Zahavi/TravelTime_Budgets.pdf

Kapitel 10 – Haben Sie auch nichts vergessen

Fundservice der Deutschen Bahn, aufgerufen am 30. März 2014: http://www.bahn.de/p/view/service/bahnhof/fundservice.shtml

Zugradar der Deutschen Bahn, aufgerufen am 30. März 2014: http://www.bahn.de/p/view/buchung/auskunft/zugradar.shtml

Snowden, Robert J., Nicola Stimpson & Roy A. Ruddle: Speed perception fogs up as visibility drops, *Nature* 392, 450 (2 April 1998)